Philipp J. Hillebrandt

Taschenbuch für Brüder Freimaurer

Philipp J. Hillebrandt

Taschenbuch für Brüder Freimaurer

ISBN/EAN: 9783743323766

Hergestellt in Europa, USA, Kanada, Australien, Japan

Cover: Foto ©ninafisch / pixelio.de

Manufactured and distributed by brebook publishing software
(www.brebook.com)

Philipp J. Hillebrandt

Taschenbuch für Brüder Freimaurer

Zur Nachricht.

So sehr sich auch der Verfasser alle Mühe gegeben hat, der neuen Auflage dieses Taschenbuchs diejenige Vollständigkeit zu verschaffen, die er sich zum Ziele gesetzt hatte; so war es ihm doch nicht möglich, seinen Zweck zu erreichen. Denn da seit der ersten Ausgabe — wahrscheinlich wegen der noch immer fortwährenden kriegerschen Zeiten — der Briefwechsel sehr unterbrochen ist, und äusserst wenige neue Listen unserm Oriente eingesandt sind, auch aus eben diesen Ursachen viele Logen ihre Arbeiten für erst einzustellen gemüssiget worden, so konnten alle Fehler nicht verbessert werden;

doch

doch ist geschehen, was unter diesen Umständen möglich war, und man schmeichelt sich mit der angenehmen Hofnung, da Nachsicht und Belehrung erwarten zu dürfen, wo vielleicht unterrichtetere Brüder bessere Auskunft geben können, und diese ist es, die man sich von ihnen erbittet und künftig zu befolgen versichert.

Denjenigen S. E. W. Brüdern, die den Verfasser mit neuen Nachrichten erfreuet haben, wird hiemit der verbindlichste Dank abgestattet, und jede künftige Mittheilung maurerischer Anzeigen wird ihm willkommen seyn.

Aus bewegenden Gründen ist sowohl der profane als maurerische Kalender weggelassen, dagegen sind alle diejenigen Logen, die seit 5794. uns bekannt geworden, nachgetragen und — soviel man erfahren können — auch ihr System, Stiftungsjahr und ihre Versammlungstage angezeigt.

Die

Die bei den Logen bemerkten einzelnen Buchftaben zeigen das Syftem an, zu dem fie gehören.

Die mit E. N. bezeichneten find von der öberften gröfsen Loge in London conftituirt, und in dem englifchen Freimaurer-Kalender von 5795. unter eben der Nummer verzeichnet, als man dahier angegeben hat.

Die mit E. bemerkten haben ihre Conftitution von der S. E. W. Loge, königlichen York von der Freundfchaft in Berlin.

Die von der S. E. W. grofsen Loge Zinnendorffchen Syftems in Berlin abhangenden Logen find mit Z. bezeichnet.

Die mit H. bemerkten Logen haben holländifche, mit R. ruffifche und mit S. fchwedifche Conftitution.

Das * bedeutet, dafs die Loge für jezt nicht arbeite.

Sollte nun diefes Tafchenbuch — welches der Verfaffer nach Möglichkeit

zu

zu verbeſſern, ſich bemühen wird —
in der Geſtalt, wie es hier erſcheint,
auf den Beifall der Brüder Freimaurer
rechnen dürfen; ſo iſt er bereit, ſol-
ches um das dritte Jahr, zum Beſten
der Armen und zum Nutzen der Brüder, beſonders der reiſenden, heraus-
zugeben, wenn er anders auf Unter-
ſtützung ſeines Unternehmens und wegen der erforderlichen Koſten, auf hin-
längliche Vorausbezahlung oder Subſcri-
ption hoffen darf.

Hildesheim i. O. d. g. u. v. St. Johannis Loge *Pforte zur Ewigkeit*
am 24. II. 5796.

Phil. Jac. Hillebrandt,
Secretair und Archivar.

Grofsbeamte

der

oberften grofsen Loge zu London.

Se. Königliche Hoheit
GEORG FRIDERICH AUGUST,
Prinz von Wallis, Churprinz zu Braun-
fchweig und Lüneburg, Herzog zu
Cornwall und Rothfay, Graf von Chefter
und Renfrew, Herr der Infeln, Grofs-
Stuart von Schottland, General - Capi-
tain der ehrfamen Artillerie - Compagnie
von London, und Ritter vom hohen
Orden des Hofenbands.

General - Grofsmeifter
fämmtlicher englifchen und mit diefen
vereinigten deutfchen Logen.

A   *St.*

Se. Hochgebohrn

der

Graf von Moira, Baron Rawdon &c.

wirklicher Grofsmeifter.

Sir Peter Parker, Bart. Deputirter Grofsmeifter.

John Daves, Efq. erfter Grofsauffeher.

Arthur Tegart, Efq. zweiter Grofsauffeher.

James Hefeltine, Efq. Grofsfchatzmeifter.

Mr. *William White,* Grofsfecretair.

Rev. *A. H. Eccles,* Grofscaplan.

Thomas Sandby, Efq. Grofsbaumeifter.

Rev. *William Peters,* Grofsportrait-
mahler.

Chev. *Bartholomew Rufpini,* Grofsfchwerdtträger.

Grofs-

Grofsbeamte

der

grofsen englischen Provinzial-Loge des Niedersächsischen Kreises zu Hamburg.

Br. *Johann Gottfried von Exter*, Medicinae Doctor, *Provinzial-Grofsmeister.*

- *Johann Poppe*, Kaufmann, *Vice-Grofsmeister.*

- *Johann Philip Beckmann*, d. R. Dr. u. Canonicus minor des Domkapitels zu Hamburg, *Deputirter Grofsmeister.*

- *Jacob von Axen*, Kaufmann, *erster Grofsaufseher.*

- *Peter Greve*, K. preussischer Commerzienrath und Agent, *zweiter Grofsaufseher.*

- *Joh. Joach. Jaenisch*, b. R. L. *Grofssecretair.*

- *Andreas Beseler*, Interessent der holländschen Postdirection, *Grofsschatzmeister.*

Br.

Br. *Franz Diederich Bertheau*, Kaufmann. *Grofsfchwerdtträger.*

- *Johann Diederich May*, Oberauditeur und adjungirter Garnifon-Auditeur, *Gehülfe des Br. Grofsfecretairs.*

- *Johann Martin Behrens*, Oberlieutenant der Hamburgfchen Garnifon, *Gehülfe des Br. Grofsfchatzmeifter.*

Englifche Provinzial - Grofsmeifter.

America - Nord, H. Price, Efq. zu Bofton,

Antigua, William Jarvis, Efq.

Armenien, Dionyfius Manaffe.

Bahama Infeln, James Bradford, Efq.

Barbadoes, Hon. William Bifhop.

Bengalen, *Bahar* und *Oriffa*, Richard Comyns Birch, Efq.

Berksbire, Col. John Deaken.

Bermuda Infeln, William Popple, Efq.

Bombay, James Todd, Efq.

Canada, Sir John Johnfon, Bart.

Carolina, (S.) John Deas, Efq.

Chefbi-

Chefhire, Sir Robert Salisbury Cotton, Bart.

Cornwall, Sir John St. Aubyn, Bart.

Coromandelfche Küften in Oftindien, John Cha-mier, Efq.

Cumberland, H. Elifon, Efq.

Creeks, *Cherokees und übrige wilde Nationen in N. America*, William Auguft Powles, Efq.

Dännemark, *Norwegen &c.* Se. Durchlaucht, Prinz Carl, Landgraf von Heffen-Caffel.

Derbifhire, Sir J. Borlafe Warren, Bart.

Devon, Sir Ch. Warw. Bampfylde, Bart.

Dorfet, *Effex*, *Glofter*, *Hereford*, *Somerfet* und *Southampton*, nebft *Briftol* und der *Infel Wight*, T. Dunckerley, Efq.

Durham, William Henry Lambton, Efq.

Frankfurt am Main, imgleichen *Ober*- und *Nie-derrheinfche*, auch *Fränkifche Kreis*, Johann Carl Brönner, Efq.

Georgien, Hon. Noble Jones.

Gibraltar &c. Se. Königliche Hoheit, Prinz Eduard.

Grenada &c. Robert Melvill, Efq.

Guernfey, *Jerfey &c.* T. Dobree, Efq.

Hannover (das *Churfürftenthum* und *übrige engli-fche Befitzungen* in *Deutfchland*,) Se. Durch-laucht, Herzog Carl von Meklenburg-Stre-litz.

Ham-

Hamburg, *Bremen* und ein *Theil von Niederſach-*
ſen, Dr. Gottfried von Exter.

Jamaica, Adam Williamſon, Eſq.

Kent, Col. Jac. Sawbridge.

Lancaſhire, John Allen, Eſq.

Leiceſter und *Nottingham*, Thomas Boothby Par-
kins, Eſq.

Lincolnſhire, Rev. William Peters.

Maryland, Henry Harford, Eſq.

Montferrat, William Ryan, Eſq.

Neapel und *Sicilien*, (das *Königreich*) Se. Durch-
laucht, Herzog von Sandemetrio - Pignatelli.

Niederlande - öſterreichſche, Marquis von Gages zu
Mons.

Norfolk und Norwich, Sir Edward Aſtley, Bart.

Northumberland, John Errington, Eſq.

Piemont in Italien, Graf von Bernez.

Poland, Graf Hulſen.

Radnor, C. Marſh, Eſq.

Rußland, Se. Excellenz, Johann Yelaguine, Senator Ihrer Ruſſiſch Kaiſerlichen Majeſtät.

S. Croix, John Ryan, Eſq.

Schweden, Carl Frid., Graf Scheffer.

Shropſhire, *Staffordſhire*, *Flinthſhire*, *Denbeigh-*
ſhire und *Montgomery*, Hon. and Rev. Fran-
cis Henry Egerton.

Suffolk, William Middleton, Eſq.

Suſſex, Samuel Hulſe, Eſq.

Sumatra, Joh. Macdonald, Eſq.

Wallis-Süd, Thomas Wyndham, Eſq.

Warwickshire, Thomas Thompſon, Eſq.

Weſtmoreland, G. C. Braithwaite, Eſq.

Worceſterſbire, John Dent, Eſq.

Yorkſbire, Richard Slater Milnes, Eſq.

Repræſentant
der groſſen Loge von England in Deutſchland.

Oberſter, Auguſt Graefe, Gouverneur Sr. Durch-
laucht, Herzogs Carl von Meklenburg zu
Darmſtadt.

~~~~~~

AACHEN.
Nr. 1. *Zur Beſtändigkeit.* E. N. 474.
v. 5790. *

ABERISTWITH in SUED - WALES.
Nr. 2. E. N. 489. g. 5791.

ACCLE in NORFOLK.
Nr. 3. *Zur Königin Haupt.* (*Queen's*
Head.) E. N. 76. g. 5747. ceſſirt
n. d. n. L.

AGRAM

AGRAM in UNGARN.

Nr. 4. *Zur Klugheit.*

ALNWICK in NORTHUMBERLAND.

Nr. 5. *Northumberland* ☐ E. N. 338.
2. ☾. g. 5779.

ALOST in FLANDERN.

Nr. 6. *Die Bescheidene Kaiserliche,* (*la Discrete Imperiale*) E. N. 190. g. 5765.

ALTENBURG - SACHSEN.

Nr. 7. *Archimedes z. d.* 3. *Reisbretern.* E. N. 472. v. 5790. *

ALTONA.

a) *Nr.* 8. *Juliana z. d.* 3. *Löwen.* *
b) *Nr.* 9. *Z. Pelikan. Z.* g. 5771. 16. III.
M. v. S. Br. Joh. Jac. Petersen, Wundarzt.

AMSTERDAM.

a) *Nr.* 10. *Das goldene Alter,* (*l' Age d'or*) H.
b) *Nr.* 11. *Die Vielgeliebte,* (*la Bien-aimée*) H. 2. ☿.
M. v. S. Br. P. Brouwer.
S. ⚬ P. Ernſt.

c)

c) *Nr.* 12. *Die Liebe,* (*la Charité*)
H. 3. ☿.

M. v. S. Br. Wilhelm Holtrop.
S. - R. Roulland.

d) *Nr.* 13. *Die vereinigten Herzen,* (*les Coeurs unis*) H.

e) *Nr.* 14. *Eintracht überwindet Freunde,* (*Concordia vincit Amicos*) H. 4. ☿.

M. v. S. Br. G. B. Gotze.
S. - J. N. Henneberg.

f) *Nr.* 15. *Die Treue,* (*la Fidelité*) H.

g) *Nr.* 16. *Die Unauflösliche,* (*l'Indissoluble*) H.

h) *Nr.* 17. *S. Ludewig,* (*S. Louis*) H.

i) *Nr.* 18. *Der Friede,* (*la Paix*) H.
1. ☿.

M. v. S. Br. Wilhelm Luderus.
S. - J. Ondorp.

k) *Nr.* 19. *Die Tugend,* (*la Vertu*) H.

l) *Nr.* 20. *Der wahre Eifer,* (*le veritable Zele*) H.

AN-

ANCLAM in VORPOMMERN.

Nr. 21. *Julius z. d.* 3. *empfindsamen Herzen.* 1. ♃.

M. v. S. Br. Heinr. Moriz Titius, Juſtiz-Secretair.

D. M. - Joh. Fried. von Stockhauſen, Oberſtlieutenant im Regiment von Schönfeld.

1. A. Br. Joh. Lud. John, Hofapotheker.

2. A. - Joach. Heinr. Gloy, Kaufmann.

S. } a. - Matth. Krauſe, Stadt-Secretair.
   } b. - Nicol. Joach. Dinnies, Kaufmann.

ANSPACH.

Nr. 22. *Alexander z. d.* 3. *Sternen.*

M. v. S. Br. Ludw. Carl, Freiherr v. Pöllnitz, K. Preuſſiſcher Geheimerrath und Amtshauptmann.

ANTIGUA.

a) *Nr.* 23. *Die Becker* □ *S. Johannis.* (*Bakers* □ *S. John.*) E. N. 59. g. 5738.

b) *Nr.* 24. *Zur Eintracht,* (*of Concorde*) E. N. 282. g. 5772.

c) *Nr.* 25. *Die groſse Loge S. Johannis,* (*the greate* □ *S. Johns,*) E. N. 62. g. 5738. 2. u. 4. ☿.

d)

d) Nr. 26. *Parham* ☐ E. N. 52. g. 5737.

e) Nr. 27. *Der Berg Sinai zum heil. Johannes, (Mount Sinai S. Johns,)*
(E. N. 359. g. 5782.

ANTWERPEN.

Nr. 28. *Die allgemeine Eintracht, (la
Concorde univerfelle.)*

ARNHEIM in GELDERN.

Nr. 29. *Die geldernfche Brüderfchaft,
(De gelderfche Brœderfchap)* H. 3. ♃.
M. v. S. Br. D. v. Ruyven.

S. - A. Raedt.

ARUNDEL in SUSSEX.

Nr. 30. *Zur brüderlichen Liebe, (of brö-
derly Love,)* E. N. 51. g. 5736.

I. u. 3. ☽.

ASCHERSLEBEN und EISLEBEN
im Fürftenthum Halberftadt, in
Gemeinfchaft.

Nr. 31. *Zu den 3. Kleeblättern.*

M. v. S. Br. Joh. Aug. Frid. Kleemann I. Ober-
bergrath zu Rothenburg an der Saale, ohnweit Halle.

D. M.

D. M. Br. Fried. Wilh. Gottfr. v. Pieverling, Lieutenant aufser Dienften, und Rendant bei der Siedeadminiftrations-Kaffe zu Halle.

1. A. Br. Joh. Carl Fried. Kleemann III. Fürftl. Anhaltbernburgfch. Kammerrath zu Bernburg.

2. A. Br. Georg Chrift. Wenzel, Oeconomie-Amtmann zu Polleben im Mansfeldfchen. -

S. Br. Carl Leopold Breslau, Regiftratur-Affiftent bei dem K. Oberbergamte zu Rothenburg an der Saale.

AVIGNON in LANGUEDOC.

Nr. 32. *Die vollkommene Freundfchaft,* (*la parfaite Amitié*) E. N. 375. g. 5785.

BACUP in LANCASHIRE.

Nr. 33. *Zur Uebereinftimmung,* (*of Harmony*) E. N. 511. g. 5792.

BARBADOS in WESTINDIEN.

a) *Nr.* 34. *E. N.* 281. g. 5772.

b) *Nr.* 35. *Zum heiligen Johannes,* (*S. John*) E. N. 91. g. 5752. 4. ☽.

c) *Nr.* 36. *Zur Liebe und Uebereinftimmung,* (*of Love and Harmony*) E. N. 494. g. 5791.

d)

d) *Nr.* 37. *S. Michael.* E. N. 71. g. 5740.

e) *Nr.* 38. *S. Peter.* E. N. 94. g. 5752.
1. u. 3. ♄.

BARNOLDSWICK in YORKSHIRE.

Nr. 39. *Zu d.* 3. *Grazien*, (*of the* 3. *Graces*) E. N. 506. g. 5792. 2. ♄.

BARNSTABLE in DEVONSHIRE.

Nr. 40. *Die Gefezliche*, (*Loyal* ☐) E. N. 365. g. 5783. 1. u. 3. ♃.

BARTON - upon - HUMBER.

Nr. 41. *Zum heiligen Matthæus*, (*S. Matthew*) E. N. 406. g. 5787.

BATAVIA in OSTINDIEN.

a) *Nr.* 42. *Die treue Aufrichtigkeit*, (*la fidéle Sincerité*) H. 1. ☽.

M. v. S. Br. M. Maas.
S. - L. de Wilde Vaft.

b) *Nr.* 43. *Die Tugendhafte*, (*la Vertueufe*) H. 1. ♄.

M. v. S. Br. P. G. Overftraten.
S. - P. de Elwyk.

BATH

BATH in SOMERSETSHIRE.

a) Nr. 44. *Zur vollkommenen Freundschaft,* (*of perfect Friendship*) E. N. 196. g. 5765. 2. u. 4. ♃.

b) Nr. 45. *Royal Cumberland,* E. N. 36. g. 5733. 1. u. 3. ♀.

c) Nr. 46. *Zur Tugend ,* (*of Virtue*) E. N. 246. g. 5769. 1. u. 3. ☽.

BAYREUTH.

Nr. 47. *Zur Sonne.*

M. v. S. Br. Joh. Fried. Wilh. v. Metzsch, General-Major, Geheimerrath und Oberamtmann.

D. M. Br. Fried. Ernst von Schirnding, Kammerherr und Oberamtmann, auch Ritterhauptm.

1. A. Br. Joh. Gottl. Wagener, Geheimerregierungsrath und Referendarius.

2. A. Br. Frid. Wilh. v. Auffees, Kammerherr und Regierungsrath.

S. Br. Joh. Gottl. Strebel, Consistorialassessor.

BELGARD in HINTERPOMMERN.

a) Nr. 48. *Aurora. Z.*

b) Nr. 49. *Zur Eintracht, Z.* g. 5775. 3. m.

BEN-

BENCOOLEN in ASIEN.

Nr. 50. *Nr. I.* E. N. 200. g. 5765.

BENGALEN in ASIEN.

a) *Nr.* 51. *Die* 10te ▭ *zu Cawnpore.*
  E. N. 292. g. 5773.

b) *Nr.* 52. *Die* 6te ▭ *zu Calcutta.*
  E. N. 288. g. 5772.

c) *Nr.* 53. *Futty Ghur.* E. N. 399. g. 5786.

d) *Nr.* 54. *Zur wahren Freundschaft,* (*of true Friendship*) E. N. 316. g. 5775.

e) *Nr.* 55. *Zur Demuth bey Stärke zu Calcutta,* (*of Humility with Fortitude*)
  E. N. 293. g. 5773.

f) *Nr.* 56. *Zur Arbeitsamkeit und Beharrlichkeit zu Calcutta,* (*of Industry and Perseveranze*) E. N. 143. g. 5761.

g) *Nr.* 57. *Zum Nordstern zu Friedrichsnagore,* (*of the North Star*) E. N. 464. g. 5789.

h) *Nr.* 58. *Zum Morgenstern zu Calcutta.* E. N. (*Star in the East*) 70. g. 5740.

i) *Nr.* 59. *Salomon.* H.

  k)

k) *Nr.* 60. *Die Standhaftigkeit,* (*De Standvaſtigheid*) H.

BERGEN op ZOOM.

Nr. 61. *Die Unzertrennliche,* (*l' Inſepa-
rable*) H. 1. ♀.

M. v. S. Br. F. Muy.

S. - N. v. d. Kreek.

BERLIN.

a) *Nr.* 62. *Die königliche Tork von der
Freundſchaft,* (*Royal Tork de l'Amitié*)
E. N. 219. g. 5767.

b) *Nr.* 63. Z. *Beſtändigkeit.* Z. g. 5775.
12. X.

M. v. S. Br. Carl Auguſt von Beulwitz, Oberſter im Regiment Gens d'Armes und dirigi-
render Aſſeſſor beim zweiten Departement
des Oberkriegscollegii.

D. M. Br. Joh. Georg Heinr. Wach, Kriegsrath
und Oberauditeur, auch Ober - Rechnuugs-
Departements - Rath des Oberkriegscollegii.

1. A. Br. Chriſtian Frid. Behrendt, Hofrath
und Agent beim General - Directorio, auch
Conſulent der Kaufmannsſchaft.

2. A,

2. A. Br. Joſeph Mich. Böheim, Schauſpieler
beim National - Theater.

S. Br. Carl Frid. Vieweg, Geheimer expedi-
render Secretair beim 6ſten Departement des
Oberkriegscollegii.

c) Nr. 64. Zur Eintracht.

d) Nr. 65. Friderich z. goldenen Löwen.

e) Nr. 66. Friderich z d. 3. Seraphinen.

f) Nr. 67. Pegaſe. Z. g. 5772. 27. IX.
M. v. S. Br. Pierre Franc. de Boaton, Capitaine
au Service de L. L. E. E. de Berne.

g) Nr. 68. Zum goldenen Pflug. Z.
M. v. S. Br. Joh. Erich Bieſler, d. R. D. und
Königlicher Bibliothekar.

h) Nr. 69. Zum Pilgrim. Z.
M. v. S. Br. Frid. von Caſtillon, Profeſſor der
Philoſophie bei der K. Ritteracademie.

i) Nr. 70. Zum goldenen Schiff. Z. g.
5771. 11. III.
M. v. S. Br. Joach. Frid. Neander, Major im
Artillerie - Corps.

D. M. Br. Heinr. Chriſtian v. Hüſer, desgleichen.

1. A. - Paul Frid. Wernitz, desgleichen.

B   2. A.

2. A. Br. Joh. Peter Schaufs, Bürger u. Eigen-
thümer.

S. Br. Ernft Gottlob Rimpler, Secretair und
Calculator beim Gen. Poft-Amt.

*k) Nr. 71. Z. d. 3. goldenen Schlüffeln. Z.
g. 5769. 10. VIII.*

M. v. S. Br. Gottfr. Ernft Müller, Landrentmei-
fter der Chur- und Neumark, und Affeffor
der mittelmarkfchen Ritterfchafts-Regiftratur.

l) Nr. 72. Zum flammenden Stern.

*m) Nr. 73. Verfchwiegenheit z. d. 3. ver-
bundenen Händen.*

n) Nr. 74. Z. d. 3. Weltkugeln.

o) Nr. 75. Zum Widder. Z.

M. v. S. Br. Ant. Thom. Palmié, Kaufmann.

BERNARDS-CASTLE in DURHAM.

Nr. 76. Zur Eintracht, (of Concorde)
E. N. 262. g. 5770. 1. ♃.

BEVERLEY in YORKSHIRE.

*Nr. 77. Conftitutional ☐ zur goldenen Ku-
gel, (Conftitutional ☐ golden Ball)*
E. N. 525. g. 5793.

BIDDE-

BIDDEFORD in DEVONSHIRE.
Nr. 78. *Die Getreue,* (*Faitfull* ☐) E. N.
499. g. 5792.

BIRMINGHAM in WARWICKSHIRE.
a) *Nr.* 79. *S. Alban.* E. N. 150. g. 5762.
1. u. 3. ♂.

b) *Nr.* 80. *S. Paul.* E. N. 38. g. 5733.
1. u. 3. ♀.

BLAKENEY in NORFOLK.
Nr. 81. *Zum königlichen Wapen,* (*King's*
Arms) E. N. 133. g. 5757. 2. ☿.
ceffirt n. d. n. L.

BOCHUM in der Grafschaft MARK.
Nr. 82. *Z. d.* 3. *Rofenknofpen.*

M. v. S. Br. Franz Grollmann, Affeffor des
Bergamts und Receptor.

D. M. Br. Gerh. Heinr. Rocholl, Hofrath, auch
M. D. und Kaiferl. Pfalzgraf.

1. A. Br. Joh. Wilb. Hockfchmalt, Kaufmann.

2. A. - Frid. Steph., Freiherr von Haufs,
Märkfcher Landftand.

S.] a. Br. Frid. Striebeck, Juſtizrath.
b. - Frid. Bordelius, Landgerichtsaſſeſſor
und Juſtizcommiſſarius, auch Poſt - und Me-
dicinal - Fiſcal.

BOCKING in ESSEX.

Nr. 83. *Die Geſellige z. weiſſen Hirſch,*
(*Social L. white Hart*) E. N. 332.
g. 5777.

BOLDON le Moor in LANCASHIRE.

Nr. 84. *Z. Anker und Hofnung, (Anchor
and Hope.)* E. N. 33. g. 5731.

BOMBAY in OSTINDIEN.

Nr. 85. *E. N.* 139. g. 5758.

BOSCH in HOLLAND.

Nr. 86. *Die Edelmüthigkeit, (D'Edelmo-
digheid)* H.

BOTETOVRT in VIRGINIEN.

Nr. 87. *Botetourt L.* E. N. 297. g. 5773.

BORDEAUX.

Nr. 88. *E. N.* 204. v. 5766.

BRAINTREE in ESSEX.

Nr. 89. *Zum guten Willen, (of Godwill)*
E. N. 401. g. 5786.

BRAN-

BRANDENBURG.

Nr. 90. *Friderich zur Tugend.*

M. v. S. Br. Jul. Bernh. Engelmann, Dom-Syn-dicus.

BRAUNSCHWEIG.

Nr. 91. *Zur gekrönten Säule.*

BRECKNOCK in S. WALES.

Nr. 92. *Cambrian L. E. N.* 451. g.

5789. 3. ☽.

BREDA.

Nr. 93. *Freies Gewiſſen; (Vryhet Ge-weeten)* H. 1. ☽.

M. v. S. Br. M. de Raeff.

S. - N. de Salis.

BREMEN.

a) Nr. 94. *Zum neuen Mond.*

b) Nr. 95. *Zum Oelzweig.* Z.

M. v. S. Br. Joh. Vollmers, Kaufmann.

1. A. Br. Conrad Buhl, Prediger.

2. A. - Heinrich Duntze. Kaufmann.

S. - Franz Buhl, desgleichen.

c) Nr. 96. *Zum ſilbernen Schlüſſel,* g.

5767. 8. IV. 1. ♄.

M.

M. v. S. Br. G. Oelrichs, b. R. D. u. Rathmann, auch Stadtrichter.

D. M. Br. N. Schöne, b. R. D. u. Vice-Syndicus, auch S.

1. A. Br. N. Lameier, Kaufmann.

2. A. - N. Heinecken, Dr. und Prof. Med. auch Phyficus.

S. Siehe D. M.

BRESLAU in SCHLESIEN.

a) Nr. 97. Zur Glocke. Z. g. 5776. 9. IV.

M. v. S. Gottl. Franz Frid. v. Düring, Lieutenant der Artillerie.

b) 98. Friderich zum goldenen Zepter.

M. v. S. Br. Franz Carl v. d. Often, Geheimerrath und Kammerdirector.

D. M. Br. Ge. Heinr. Wilh. v. Reibnitz, Hauptmann des Ingenieurs-Corps.

1. A. Br. Carl Frid. v. Mütfchefahl, Geheimerrath und General-Landfchafts-Repræfentant.

2. A. Br. Frid. August v. Weftdorf, Hauptmann bei dem Infanterie-Regiment v. Lattorf.

S. Br. Johann Benjamin Grofsmann, Affeffor bei den Stadtgerichten.

c)

c) Nr. 99. *Zur Säule. Z.* g. 5774. 19. V.

M. v. S. Br. Leop. Magn. v. Wedell, K. Land-
jägermeifter.

d) Nr. 100. *Zu den* 3. *Todtengerippen. Z.*
g. 5772. 20. III.

BRIDGEWATER in SOMERSETSHIRE.

a. Nr. 101. *Zur beftändigen Freundfchaft,*
(*of perpetual Friendfhip*) E. N. 181.
g. 5764. 1. u. 3. ☽.

b) Nr. 102. *Zur Freiheit und Aufrichtigkeit,* (*of Liberty and Sincerity*) E. N.
300. g. 5774. 2. u. 4. ☽.

BRIEG in SCHLESIEN.

Nr. 103. *Friderich zur aufgehenden Sonne.*
3. ♂.

M. v. S. Br. Franz Xaver Ritter, Med. Dr.

1. A. Br. Frid. Wilh. v. Winzingerode, Hauptmann bei dem Infant. Regiment v. Genskow.

2. A. Br. Joh. Gottl. von Winning, Capitain.

S. - Carl G. Weinfchenk, Hof- u. Criminalr.

BRIEL in HOLLAND.

Nr. 104. *Die Morgenröthe,* (*l'Aurore*) H.
M. v. S. Br. B. Sandifort.

B 4　　　　BRIGH-

BRIGHTHELMSTONE in SUSSEX.

Nr. 105. *Royal Clarence zum weiſſen Pferd,*
E. N. 452. g. 5789. 2. u. 4. ☽.

BRIGGATE in LEEDS.

Nr. 106. *Zur Treue, (of Fidelity)* E. N.
512. g. 5793.

BRISTOL.

a) Nr. 107. *Beaufort L.* E. N. 138. g.
5758. 2. u. 4. ♀.

b) Nr. 108. *Zur Gaſtfreiheit, (of Hoſpita-lity)* E. N. 248. g. 5769. 2. u. 4. ☿.

c) Nr. 109. *Zum Thal Joſaphat, (of Je-hoſaphat)* E. N. 291. g. 5773. 1. u. 3. ☿.

d) Nr. 110. *Royal York.* E. N. 455. g.
5789. 1. u. 3. ☿.

e) Nr. 111. *Einigkeits L. z. aufgehenden Sonne, (Union L. riſing Sun)* E. N.
213. g. 5767.

BRIXHAM in DEVONSHIRE.

Nr. 112. *Zur Wahrheit, Liebe und Einheit, (of True, Love and Unity)* E. N.
360. g. 5782. 1. u. 3. ☿.

BROM-

BROMBERG in WESTPREUSSEN.
Nr. 113. *Die Treue z. d. 3. Tauben.*

BROMLEY in MIDDLESEX.
Nr. 114. *Zur wahren Freundschaft, (of true Friendship)* E. N. 210. g. 5766. 1. ♂.

BROMSGROVE in WORCESTERSHIRE.
Nr. 115. *Zum heiligen Johannes, (S. John)* E. N. 397. g. 5786. 2. u. 4. ☽.

BRUEGGE in FLANDERN.
Nr. 116. *Die vollkommene Gleichheit, (la parfaite Egalité.)*

BRUENN in MÆHREN.
a) Nr. 117. *Z. d. wahren vereinigten Freunden.* *

b) Nr. 118. *Zur aufgehenden Sonne.* *

BRUESSEL in BRABANT.
a) Nr. 119. *Die glückliche Zusammenkunft, (l'heureux Rencontre.)*

b) Nr. 120. *Die wahren Freunde der Einigkeit, (les vrais Amis de l'Union.)*

c) Nr. 121. *Die Einigkeit, (l'Union.)*

B 5

d)

d) *Nr.* 122. *Die beständige Einigkeit,* (*la constante Union.*)

BULAM auf der africanischen Küste.

Nr. 123. *E. N.* 495. g. 5792.

BURGSTEINFURT.

Nr. 124. *Ludewig zum flammenden Stern.* *

BURNLEY in LANCASHIRE.

a) *Nr.* 125. *Zur Treue,* (*of Fidelity*) E. N. 444. g. 5788.

b) *Nr.* 126. *Zum Dorn,* (*Thorn*) E. N. 168. g. 5763.

BURY in LANCASHIRE.

a) *Nr.* 127. *Zur Hülfe,* (*of Relief*) E. N. 37. g. 5733.

b) *Nr.* 128. *R. Edwin at Bury S. Edmundt,* E. N. 193. g. 5765.

CAMBRIDGE.

a) *Nr.* 129. *Die wissenschaftliche L. zum Adler und Kind,* (*Scientific L. Eagle & Child.*) E. N. 106. g. 5754. 2. ☽.

b) *Nr.* 130. *Zum rothen Löwen,* (*Red Lion*) E. N. 515. g. 5793.

CAMMIN in HINTERPOMMERN.

Nr. 131. *Zum heiligen Johannes.*

M. v. S. Br. Alex. Sigism. v. Blankenfee, K. Kammerherr und Prælat zu Cammin, und Curator des Marienftifts zu Stettin.

D. M. Br. Aug. Wilh. v. Fock, Major des von Kalkreutfchen Dragoner - Regiments.

CAMPEN in OBERYSSEL.

Nr. 132. *Das tiefe Stillfchweigen,* (*le profond Silence*) H. L. ☿.

M. v. S. Br. A. de Nuys.

S. - N. Rambonnet.

CANTERBURY.

Nr. 133. *Die Arbeitfame,* (*Induftrious L.*) E. N. 326. g. 5776. 1. u. 3. ♃.

CANTON in CHINA.

Nr. 134. *Zur Freundfchaft,* (*of Amity*) E. N. 225. g. 5767.

CAP de BONNE ESPERANCE.

Nr. 135. *Die gute Hofnung,* (*la bonne Efperance*) H.

CARLISLE in CUMBERLAND.

Nr. 136. *Zur Uebereinftimmung,* (*of Harmony*) E. N. 273. g. 5771. 2. ☿.

CAR-

CARNARVON in N. WALES.

Nr. 137. *Snowden I.* E. N. 404. g. 5786.

CAROLINA (SUED-).

a) Nr. 138. *Zum heiligen Marcus, (S.Mark)*
E. N. 163. g. 5763.

b) Nr. 139. *Port royal.* E. N. 126. g. 5756.

CARLSCRONA.

Nr. 140. *S. Harald.* S.

CARLSRUHE im Markgrafthum BADEN.

Nr. 141. *Carl zur Einigkeit.* E. N. 477.
v. 5790.

M. v S. Br. Wilh Frid. Wucherer, Rath und
Profeffor der Mathematik.

D. M. Br. Joh. Georg Schloffer, Geheimerhofrath.

1. A. - Carl v. Rofenfels, K. K. Hauptmann.

2. A. - Wilh. Hemeling, Bibliothekar.

S. - Phil. Heinr. Holzmann, Hof- und Regierungsadvocat.

CARLSTADT in CROATIEN.

Nr. 142. *Zur Tapferkeit.*

CATARAQUI in CANADA.

Nr. 143. *Zum heiligen Jacob, (S. James)*
E. N. 427. g. 5787.

CAWN-

CAWNPORE in OSTINDIEN.

Nr. 144. *Zum Kriegesgott* , (*of Mars,
Nr.* ix. *in Bengalen*) E. N. 529. g. 5793.

CEYLON.

Nr. 145. *Die Aufrichtigkeit,* (*la Sincérité*) H.

CHARLESTOWN in S. CAROLINA.

a) *Nr.* 146. *Eine Meister - Loge,* (*A Ma-
ster's L.*) E. N. 125. g. 5756. 2. u. 4. ♃.

b) *Nr.* 147. *Salomon.* E. N. 25. g. 5730.
1. u. 3. ♃.

c) *Nr.* 148. *Die Einigkeit,* (*Union*) E. N.
116. g. 5755. 2. u. 4. ♃.

CHATAM.

Nr. 149. *Zum Alterthum,* (*of Antiquity*)
E. N. 10. g. 5723. 1. u. 3. ☽.

CHELMSFORD in ESSEX

Nr. 150. *Die gute Gesellschaft,* (*Good
Fellowship*) E. N. 462. g. 5789.

CHELSEA.

a) *Nr.* 151. *Zum heiligen Lucas,* (*S. Luke*) E. N. 194. g. 5765. 1. ♂.

b)

b) *Nr.* 152. *Zur ländlichen Freundschaft,* (*of rural Friendship*) E. N. 350. g. 5781.

CHESTER.

a) *Nr.* 153. *Zur Unabhängigkeit,* (*of Independence*) E. N. 391. g. 5786.

b) *Nr.* 154. *Zum Federbusch,* (*Plume of Teathers,*) E. N. 123. g. 5755. 1. ☽.

c) *Nr.* 155. *Royal Chester.* E. N. 58. g. 5738.

d) *Nr.* 156. *Zum Stern,* (*Star L.*) E. N. 207. g. 5766. 3. ♃.

CHESTERFIELD in DERBYSHIRE.

Nr. 157. *Scarsdale L.* E. N. 519. g. 5793.

CHICHESTER in SUSSEX.

Nr. 158. *Zur Uebereinstimmung,* (*Harmony*) E. N. 468. g. 5790.

GHRIST-CHURCH in HANTSHIRE.

Nr. 159. *Zum weissen Hirsch,* (*white Hart*) E. N. 261. g. 5770.

CHRISTIANIA in NORWEGEN.

Nr. 160. *Zum heiligen Olaus.*

CHRISTIANSTADT.

Nr. 161. *S. Christoph.* S.

S.

S. CHRISTOPH (S. KITT) in WEST-INDIEN.

a) *Nr.* 162. *S. Chriſtoph.* E. N. 84. g. 5750.

b) *Nr.* 163. *Zur alten Landſtraſse, (Old Road)* E. N. 73. g. 5742.

c) *Nr.* 164. *Zum ſchottiſchen Wapen, (Scotch Arms)* E. N. 65. g. 5739. 1.♃.

CHUNAR in OSTINDIEN.

Nr. 165. *Nr.* VIII. *in Bengalen.* E. N. 528. g. 5793.

CLEVE.

Nr. 166. *Zur Hofnung. Z.* g. 5775. 3. IV.

COCKERMOUTH in CUMBERLAND.

Nr. 167. *Zur Ehre und Beharrlichkeit, (of Honour and Perſeverance)* E. N. 436. g. 5788. 1. ♃.

COESLIN in HINTERPOMMERN.

Nr. 168. *Maria z. goldenen Schwerdt.*

COLCHESTER in ESSEX.

Nr. 169. *Zum Engel, (Angel)* E. N. 47. g. 5735. 2. u. 4. ♂.

COLNE in LANCASHIRE.

Nr. 170. *Royal Lancaſhire L. E. N.* 149.
g. 5762. 1. ♃.

COLOMBO op CEYLON.

Nr. 171. *Die Vertraulichkeit,* (*De Getrou-
wigheid*) H.

COLTISHALL in NORFOLK.

Nr. 172. *Zum Königs Haupt,* (*King's
Head*) E. N. 136. g. 5758.

CONGLETON in CHESHIRE.

Nr. 173. *Zum ſchwarzen Löwen u. Schwan,*
(*Black Lion and Swan*) E. N. 459.
g. 5789.

CONITZ in WESTPREUSSEN.

Nr. 174. *Friderich z. wahren Freundſchaft,*
g. 5790. 25. IV.

M. v. S. Br. Aug. Ludw. v. Herzberg, Salzin-
ſpector des Conitzer Kreiſes.

D. M. Br. Jöh. Michalowsky, Kriegs- und Steuerrath, auch 1. A.

1. A. Siehe D. M,

2. A. Br. Carl v. Roſenberg Grudczynsky, Oberſt.

S. - Joh. Frid. Witte, Stadtinſpector.

COP-

COPPENHAGEN.

a) *Nr.* 175. *Chriſtian zur Palme.* *

b) *Nr.* 176. *Friderich zur gekrönten Hof-*
nung.

M. v. S. Br. Münder, Dr. u. Profeſſor der Theo-
logie.

e) *Nr.* 177. *Zorobabel zum Nordſtern.*

CORNWALL in Upper - CANADA.

Nr. 178. *Zur Einigkeit,* (*of Union*)
E. N. 521. g. 5793.

COVENTRY in WARWICK.

Nr. 179. *Die Dreifaltigkeits L. zum gol-*
denen Löwen, (*Trinity L. golden Lion*)
E. N. 382. g. 5785.

COWES auf der Inſel WIGT.

Nr. 180. *Medina L.* E. N. 31. g. 5731.

CREFELD im Fürſtenthum MOEURS.

Nr. 181. *Zur vollkommenen Gleichheit,*
E. N. 478. v. 5790. 1. ♄.

M. v. S. Br. Joh. Lang, Profeſſor und Mitdi-
rector des Erziehungs-Inſtituts.

A. M. Br. Engelbert vom Bruck, Kaufmann.

1. A. - Emmanuel Stählin, Kaufmann.

2. A. Br. Frid. Heinr. von der Leyen, Kaufmann.

S.] a. Br. Jac. Winkelmann, Kaufmann.
] b. - Volkhart Schmidt, Gerichtsactuarius.

CREMONA in MAYLAND.
Nr. 182. *S. Paul, der Himmlifche, (S. Paul céléfte).*

S. CROIX in WESTINDIEN.
Nr. 183. *S. George.* E. N. 127. g. 5756.

CRONSTADT in RUSSLAND.
Nr. 184. *Neptun.* R.

CROW - LANE in BERMUDA.
Nr. 185. *Die Einigkeit, (Union)* E. N. 145. g. 5761. 1. ☿.

CROYDON in SURREY.
a) Nr. 186. *Die Patriotifche, (Patriotic L.* E. N. 206. g. 5766.

b) Nr. 187. *Royal Mcklenburg L.* E. N. 170. g. 5763.

CUILENBURG in GELDERN.
Nr. 188. *Die Redlichkeit, (la Candeur).*

CUE-

CUESTRIN in der Neumark
BRANDENBURG.

a) Nr. 189. Friderich Wilhelm zum golde-
nen Zepter. 1. ♃.

M. v. S. Br. Joh. Frid. Wilh. Timme, K. Kriegs-
und Domainenrath.

D. M. Br. Carl Gottfr. Frid. Hörnigke, Hof-
Fifcal, auch Hof- und Stadtrichter.

1. A. Br. Chrift. Frid. Gottd. Bufcheck, K Caffirer der Provinzial-Accife und Zollkaffe.

2. A. Br. Joh. Wilh. Emman. Lemonius, K.
Kriegscommniffarius.

S. Br. Wenceslaus Marofch, reform. Prediger.

b) Nr. 190. Maria z. goldenen Schwerdt.
D. M. Br. Paul Brandt, Polizeiburgermeifter.

CURAçAO in S. AMERICA.
a) Nr. 191. Die Freundfchaft, (l'Amitié) H.
b) Nr. 192. Die Einigkeit, (l'Union) H.
c) Nr. 193. Die Zufriedenheit, (De Ver-
genæging) H. 3. ♃.

M. v. S. Br. A. P. B. van Starkenbroch.

S. - M. Brunings.

C 2   DAN-

DANZIG.

a) Nr. 194. *Zur Einigkeit. E. N.* 447.
g. 5789. 1. ♄.

M. v. S. Br. Joh. Jacob Dirckſen, Aſſeſſor bei
d. Juſtiz-Depůtation zům Danziger Territorio.

D. M. Br. Arnold Gottfr. Reyger, Aſſeſſor bei
dem Magiſtrat.

1. A. Br. Friderich Dalmer, Kaufmann.

2. A. - Joh. Carl Bergen, Raufmann.

S. - Daniel Chriſt. Liebeskind, Oberlehrer
an der Bartholomæi Schule.

b) Nr. 195. *Zur Eintracht, ſonſt Kranig. E.*

c) Nr. 196. *Eugenia zum gekrönten Löwen.*

DARLINGTON in DURHAM.

Nr. 197. *Reſtorations L. E. N.* 144.
g. 5761. 1. ♄.

DARTFORD in KENT.

Nr. 198. *Zum Wetteifer*, (*of Emulation*)
E. N. 535. g. 5794.

DARTMOUTH in DEVONSHIRE.

Nr. 199. *Zur Freundſchaft*, (*Friendſhip*)
E. N. 352. g. 5761. 1. 3. u. 1. ♃.

DEAL.

DEAL.

Nr. 200. *Die königliche Flotten L.* (*Royal Navy L.*) E. N. 157. g. 5762. 1. ☽.

DEMERARY in GUIANA.

Nr. 201. *S. Johann zur Wiedervereinigung,* (*S. Jean de la Reunion*) H.

DENBIGH in N. WALES.

Nr. 202. *Royal Denbigh L.* E. N. 414. g. 5787.

DEPTFORD.

a) *Nr.* 203. *Zur Freundschaft,* (*of Friend-ship*) E. N. 280. g. 5772. 2. ♃.

b) *Nr.* 204. *Zur moralischen Verbesserung,* (*of moral Reformation*) E. N. 353. g. 5781. 2. ☽.

DERBY in DERBISHIRE.

Nr. 205. *Tyrian L.* E. N. 379. g. 5785.

DETROIT in CANADA.

a) *Nr.* 206. E. N. 289. g. 5773.

b) *Nr.* 207. *Die Einigkeit,* (*Union*) E. N. 320. g. 5775.

 DE-

DEVENTER in OBERYSSEL.

a) *Nr.* 208. *Die Brüderschaft,* (*De Broederschap*) H.

b) *Nr.* 209. *Das überwundene Vorurtheil,* (*le Préjuge vaincu*) H.

M. v. S. Br. A. H. Cramer.

S. - A. P. van Wefterfeld.

DEVIZES in WILTSHIRE.

Nr. 210. *Zum schwarzen Schwan,* (*the black Swan.* E. N. 432. g. 5788.

DONCASTER in YORKSHIRE.

Nr. 211. *Zum Herzog v. York,* (*Duke of York*) E. N. 438. g. 5788. 1. D.

DOORDT (DORDRECHT) in HOLLAND.

a) *Nr.* 212. *Die brüderliche Einigkeit,* (*l' Union fraternelle*) H. ♁. ☿.

M. v. S. Br. O. Repelaer.

S. - B. A. v. d. Werff.

b) *Nr.* 213. *Die vollkommene Einigkeit,* (*la parfaite Union*) H. 1. ♄.

M. v. S. Br. N. de Haan.

S. - A. Richard.

DOR-

DORCHESTER in DORSETSHIRE.

Nr. 214. *Durnovarifche L. zur königlichen Eiche*) *Durnovarian L. Royal Oak*) E. N. 310. g. 5775.

DRESDEN.

a) *Nr.* 215. *Zum goldenen Apfel. Z.* g, 5777. 16. XI.

M. v. S. Br. Chrift. Frid. Geyer, Profeffor der Moral bei den C. S. Pagen.

D. M. Br. Heinr. Ludw. Dieterich, C. S. Haupt‐ mann bei der Artillerie.

1. A. Br. Policarp Lebrecht Lechla, C. S. ge‐ heimer Finanz ‐ Secretair.

2. A. Br. Joh. Frid. Koft, C. S. geheimer Re‐ giftrator.

S. Br. Carl Chrift. Demiani, ‐ C. S. Finanz‐ Secretair.

b) *Nr.* 216. *Zu den* 3. *Schwerdtern und den wahren Freunden.*

M. v. S. Br. Joh. Frid., Freiherr zu Racknitz, C. S. Hausmarfchall und Kammerherr.

D. M. ‐Br. Carl Aug. v. Broitzen, C. S. gehei‐ mer Kriegsrath.

1. A.

1. A. Br. Joh. Adolph r. Leipziger, C. S. Kammerherr.

2. A. Br. Carl Heinr. Titius, M. Dr. u. C. S. Naturalien - Infpector.

S. Br. Jacob Chrift. Reinold, Kriegsrath.

DUBNO in KLEIN - POHLEN.

Nr. 217. *Zum vollkommenen Geheimnifs.* E. g. 5780. 30. X.

DUDLEY in WORCESTERSHIRE.

Nr. 218. *Harmonic L.* E. N. 369. g. 5784. 2. u. 4. ♃.

EAST - RETFORD.

Nr. 219. *North - Nottinghamshire L.* E. N. 492. g. 5791. 2. ♀. ceffirt n. d. n. L.

EBERAU in UNGARN.

Nr. 220. *Zum goldenen Rad. Z.* g. 5776. 30. VII.

EDIMBURG.

a) Nr. 221. *S. Andrews.*

b) Nr. 222. *Royal Arch.*

c) Nr. 223. *Conongate and Keith.*

d) Nr. 224. *Konongate - Kilwinning.*

e)

e) Nr. 225. *Dalkeith.*

f) Nr. 226. *S. Davids.*

g) Nr. 227. *S. Giles's.*

h) Nr. 228. *Holyrodhuse.*

i) Nr. 229. *S. James.*

k) Nr. 230. *Die Maurergesellen, (Jour-*
ney - Muns.)

l) Nr. 231. *Keith - Kilwinning.*

m) Nr. 232. *S. Luke.*

n) Nr. 233. *Militair L.*

o) Nr. 234. *New Edin - Kilwinning.*

p) Nr. 235. *Mariae Capelle, (Mary*
Chapel).

q) Nr. 236. *L. von Vernon.*

r) Nr. 237. *Zur Distel, (Thistle).*

EISLEBEN siehe ASCHERSLEBEN.

ELBING in POHLNISCH - PREUSSEN.

Nr. 238. *Constantia zur gekrönten Ein-*
tracht.

M. v. S. Br. Joh. Christ. Silber, Stadtrath.

. 1. A. - Joh. Rofs, Kaufmann.

2. A. Br. Joh. Gottl. Silber, Med. Dr.

S. - Joh. Jac. Maienreis, Stadtgerichts-Secretair.

EMDEN in OSTFRIESLAND.

Nr. 239. *Zur wahren Treue.* 4. ♄.

M. v. S. Br. Diet. Arnold Möller, Juftizrath und Oberamtmann zu Leer.

D. M. Br. David Leonh. Bluhm, Poft - Fifcal und Juftizamtmann.

1. A. Br. Chrift. Wilh. Fifcher, K. Preuffifcher Major.

2. A. Br. Gerh. Hefsling, Landfchaftlicher Adminiftrator.

S. Br. Heinr. Lud. Schramm, Kriegscommiffarius.

EMMERICH im CLEVESCHEN.

Nr. 240. *Der den Böfen gehäffige Friede.*
(*Pax inimica malis*) H.
(Diefe ☐ arbeitet nur in den W. ☽☽.)

M. v. S. Br. N. Struberg.

S. - N. Löfler.

EMPER - STRASSE in der Graffchaft MARK.

Nr. 241. *Zum goldenen Löwen.* Z.

M.

M. v. S. Br. Gottfr. Adolph Wilh. von Haufen, K. Landesdirector.

D. M. Br. Joh. Cafp. Fifcher, Kaufmann.

1. A. - Carl Queft, K. Kreisreceptor.

2. A. - Frid. Grote, K. Juftizcommiffair.

S. - Joh. Cbrift. Märker, K. Burgermeifter und Juftizcommiffair.

EPERIES in UNGARN.

Nr. 242. *Zu den tugendhaften Reifenden.*

EPSOM in SURREY.

Nr. 243. *Zur Stärke und Beharrlichkeit,
(of Fortitude and Perfeverance)* E. N.
260. g. 5770.

ERFURT in THUERINGEN.

Nr. 244. *Carl z. d. 3. Rädern.*

M. v. S. Br. Joh. Jac. Sinnbold, Profeffor der
Weltweisheit.

1. A. Br. Phil. Loos, Heffendarmftädtfch. Rath.

2. A. - Joh. Juftin Weismantel, der Rechte
Profeffor.

S. Br. Joh. Weifenborn, der R. Profeffor.

ERLANG im Markgrafthum BAYREUTH.

Nr. 245. *Libanon z. d. 3. Cedern.* 1. D.
M.

M. v. S. Br. Joh. Guſtav Adolph, Freiherr Bui-
rette v. Ochlefeld, Brandenburgfcher Geheimerrath.

D. M. Br. Caefar Lud. Fries, Haufshofmeifter.

1. A. - Joh. Tob. Mayer, Hofrath u. Profeff.

2. A. - Frid. Heinr. Lofchge, Profeff. Medic.

S. - Joh. Phil. Julius Rudolph, desgleich.

ESSEGG in SLAVONIEN.

Nr. 246. *Zur Wachſamkeit.*

S. EUSTATIUS.

a) Nr. 247. *Die Eintracht, (Concordia)* H.

M. v. S. Br. A. Runnels.

S. - M. Dykers.

b) Nr. 248. *S. Johann der Täufer, (S.
Jean Baptiſte)* H.

c) Nr. 249. *Die vollkommenen Maurer,
(les parfaits Maçons)* H.

d) Nr. 250. *S. Peter, (S. Pierre)* H.

e) Nr. 251. *Die Einigkeits L. (Union L.)
E. N.* 278. *g.* 5772.

EXETER in DEVONSHIRE.

a) Nr. 252. *S. George. E. N.* 146. *g.*
5762. 2. u. 4. ♃.

b)

b) *Nr.* 253. *S. John.* E. N. 35. g. 5731.
2. u. l. ♀.

FALMOUTH in **CORNWALL.**
Nr. 254. *Zur Liebe und Ehre,* (*of Love
and Honour.* E. N. 87. g. 5751.
2. u. 4. ♃.

FEVERSHAM in **KENT.**
Nr. 255. *Zur Uebereinstimmung,* (*of Harmony*) E. N. 176. g. 5764. 2. u. 4. ☿.

FORT WILLIAM HENRY in **CANADA.**
Nr. 256. *Zur Einheit,* (*of Unity*) E. N.
426. g. 5787.

FRANKFURT am **MAYN.**
Nr. 257. *Zur Einigkeit.* E. N. 74. g.
5742. 2. u. 4. ♃.

FRANKFURT an der **ODER.**
Nr. 258. *Zum aufrichtigen Herzen.*
M. v. S. Br. Joh. Carl Seidel, K. Zollinspector.
1. A. - Ge. Frid. Ludw. v. Lettow, Lieutenant bei dem Regiment von Beville.
2. A. Br. Ge. Frid. Dames, K. Justizcommissar.
S. • Christ. Frid. Radel, Banco-Rendant.

FREI-

FREIBURG im BREISGAU.

Nr. 259. *Zur edeln Ausficht.* *

FRIEDBERG in der WETTERAU.

Nr. 260. *Rudolph z. d. 3. Schwanen.*

FROME in SOMERSETSHIRE.

Nr. 261. *Royal Clarence.* E. N. 469.
g. 5790.

GAINSBOROUGH in LINCOLNSHIRE.

Nr. 262. *Prinz von Wallis zum weiffen
Hirfch,* (*Prince of Wales white Hart*)
E. N. 423. g. 5787. 3. ☽.

GATESHEAD in DURHAM.

Nr. 263. *Zur Einigkeit,* (*of Union*) E. N.
295. g. 5773.

S. GEORGE in BERMUDA.

Nr. 264. *Bermuda L.* E. N. 507. g. 5792.

GEORGE-TOWN in S. CAROLINA.

Nr. 265. *Prince George.* E. N. 75. g.
5735.

GENT in FLANDERN.

a) Nr. 266. *Die Wohlthätige,* (*la Bien-
faifante.*)

b)

b) *Nr.* 267. *Die Glückseligkeit,* (*la Felicité.*)

c) *Nr.* 268. *Die vollkommene Einigkeit,* (*la parfaite Union*).

GENUA.

Nr. 269. *Old British and Ligurian L.* E. N. 358. g. 5782.

GERSFELD an der FULDA.

Nr. 270. *Wilhelmina z. d.* 3. *Buchen.*

GIBRALTAR.

a) *Nr.* 271. *Calpean L.* E. N. 365. g. 5789.

b) *Nr.* 272. *Für die Einwohner,* (*of Inhabitants*) E. N. 159. g. 5789.

c) *Nr.* 273. *Zur Freundschaft,* (*of Friendship*) E. N. 486. g. 5791.

d) *Nr.* 274. *Hiram.* E. N. 400. g. 5786.

e) *Nr.* 275. *S. Johann.* E. N. 24. g. 5726. 1. ☽.

GLAMFORD BRIGGS in LINCOLNSHIRE.

Nr. 276. *Urania.* E. N. 510. g. 5793.

GLATZ

GLATZ in SCHLESIEN.

Nr. 277. *Z. d.* 3. *Triangeln.*

M. v. S. Br. Alex. Lebrecht von Welzien, Capitain des Infant. Regiments, Graf v. Herzberg.

D. M. Br. Gottl. Müller, Kriegs- u. Steuerrath.

1. A. - Franz de Prilfig Laval, Stadtinfpector.

2. A. - Chrift. Ludw. Reyne, Provinzial-Ac-
cife- und Zollinfpector.

S. - Joh. Gottfr. Reifchkel, Poft-Secretair.

GLOGAU in SCHLESIEN.

a) Nr. 278. *Zum goldenen Ring. Z.
g.* 5774. 7. I.

b) Nr. 279. *Zur goldenen Himmelskugel,*
(3. ♂. I. III. IV. VI. VII. IX. X. XI.)

M. v. S. Br. Joh. Ludw. Albrecht, K. geheimer
Kriegsrath, auch Accife- und Zolldirector.

D. M. Br. Ernft Wilh. Carl Albrecht v. Reibnitz,
K. Kriegs- und Domainenrath.

1. A. Br. Hans Chrift. Wilh. von der Golze,
Hauptmann des Ingenieur-Corps.

2. A. Br. Heinr. Wilh. Streit, Auditeur des Infant. Regiments von Wolframsdorf.

S. ⎱ a. Br. Carl v. Gfyg, Rittmeift. aufser Dienft.
   ⎰ b. - Benjam. Gottl. Schreiber, K. Kriegs-
Caffirer.

GLOU-

GLOUCESTER.

Nr. 280. *Royal Gloucester L.* E. N. 373. g. 1785.

GOERLITZ in der OBERLAUSNITZ.

a) Nr. 281. *Z. d.* 3. *Flammen.*

b) Nr. 282. *Zur gekrönten Schlange.*

GOERZ in OESTERREICH.

Nr. 283. *Zur Freimüthigkeit.* *

GOETTINGEN.

a) Nr. 284. *Augusta z. d.* 3. *Flammen.* *

b) Nr. 285. *Z. goldenen Zirkel. Z.* *

GOTHA - SACHSEN.

Nr. 286. *Zum Compaſs.* *

GOTHENBURG.

a) Nr. 287. *Z. d.* 3. *Kronen.* S.

b) Nr. 288. *Salomon z. d.* 3. *Schlöſſern.* S.

GRAETZ in STEUERMARK.

Nr. 289. *Z. d. vereinigten Herzen.* *

GRAVESEND in KENT.

a) Nr. 290. *Zur Freiheit,* (*of Freedom*) E. N. 89. g. 5751. 1. u. 3. ♃.

D   *b)*

b) Nr. 291. Zur vereinigten Freundfchaft,
(of united Friendfhip) E. N. 329, g.
5776. 2. u. 4. ♃.

GREEN - ISLAND in JAMAICA.

Nr. 292. Nr. VIII. E. N. 317. g. 5775.

GREENWICH in KENT.

Nr. 293. Die brüderliche L. zur Bifchofs-
kappe, (Fraternell L. Mitre) E. N.
13. g. 5723. 4. ♂.

GREIFSWALDE in SCHWEDISCH-
POMMERN.

Nr. 294. Z. d. 3. Greifen. Z. g. 5786.
25. V. 1. ☽.

M. v. S. Br. Thom. Heinr. Gadebufch, Prof.
d. Staatsrechts.

D. M. Br. Wilh. Jul. Ludw. Schubert, K. Poftmeifter und Tribunals-Advocat.

1. A. Br. Joh. Quiftorp, M. Dr., Prof. Oecon.
und Afleffor des K. Gefundheits-Collegii.

2. A. Br. Joh. Gottfr. Quiftorp, Zeichenmeifter
der K. Academie.

S. Br. Joh. Gottl. Häckermann, Burgermeifter
u. Syndicus, auch K. Stadtrichter in Grimmen.

GRE-

GRENADA.

a) *Nr.* 295. *Zur Befcheidenheit*, (*of Di-
fcretion*) E. N. 276. g. 5772.

b) *Nr.* 296. *Zur Wachfamkeit*, (*of Vigi-
lance*) E. N. 275.

GRENADOES.

Nr. 297. *Die Weisheit zum heiligen Andreas*, (*La Sageffe S. Andrews*) E. N.
172. g. 5764.

GRENOBLE in DAUPHINÉ.

Nr. 298. E. N. 214. g. 5767.

GROENINGEN.

Nr. 299. *Die Provinzial - Einigkeit*, (*l'
Union provinciale*) H. l. ☿.

M. v. S. Br. Fr. Modermann.

S. - B. van Olft.

GRUENSTADT in der Graffchaft
LEININGEN.

Nr. 300. *Carolina z. gekr. weiffen Löwen.*

GUERNSEY.

a) *Nr.* 301. *Zur Uebereinftimmung*, (*of
Harmony*) E. N. 309. g. 5774.

b)

b) *Nr.* 302. *Zur Lilien Tavern*, (*Lily Tavern*) E. N. 98. g. 5753.

GYARMATH - BALASSA in UNGARN.
Nr. 303. *Zum tugendhaften Pilgrim.*

HAAG.

a) *Nr.* 304. *Die vereinigten Herzen*, (*les Coeurs unis*) H. 2. ♂.

M. v. S. Br. L. Buret.

S. - J. B. D. Blankevoord.

b) *Nr.* 305. *Die Gleichheit der Brüder.* (*l' Egalité des Frères*) H.

c) *Nr.* 306. *Die Hofnung*, (*l' Esperance*) H.

d) *Nr.* 307. *Die Unauflösliche*, (*l' Indissoluble*) H. 2. ♂.

M. v. S. Br. J. Portegies.

.S. - J. Bogaars.

e) *Nr.* 308. *Die Vssingsche L.*, (*la L. Vssingue*) H.

f) *Nr.* 309. *Le Philantrop.* H.

g) *Nr.* 310. *Der Entschluss,* (*la Resolution*) H.

h)

h) Nr. 311. *Die oranienſche Einigkeit,*
  (l' Union orange) H.

M. v. S. Br. F. von Maanen.

i) Nr. 312. *Die königliche Einigkeit,*
  (l' Union royale) H.

M. v. S. Br. C. J. Mohr.

S. - A. v. Neck.

k) Nr. 313. *Der wahre Eifer, (le veri-*
  table Zéle) H.

M. v. S. Br. J. J. Willer.

S. - T. Willer.

HAARBURG ohnweit HAMBURG.

Nr. 314. *Zum Krokodill.* Z. g. 5774.
  27. *1.*

M. v. S. Br. Carl Gerh. Schwarz, Rath, Li-
centcommiſſair und Garniſon-Auditeur.

D. M. Br. Hans H. von Offen, Hauptmann im
7ten Infant. Regiment.

1. A. Br. H. E. Hanfing, Burgermeiſter und
Hoffactor.

2. A. Br. Joh. Jac. Schneider, Major bei dem
Ingenieur-Corps.

Subſt. Br. Alex. Ph. Böttger, Hauptmann im
12ten Infant. Regiment.

S. Br. F. C. Kehrer, Oberdeichgräfe.

HAAR-

HAARLEM in HOLLAND.

a) *Nr.* 315. *Die Freunde der Gerechtigkeit,*
(*les Amis de Justice*) H.

b) *Nr.* 316. *Die Bürger L.* (*De Borger L.*)
H.

c) *Nr.* 317. *Tugend überwindet Gewalt,*
(*Vincit vim virtus,*) H. 3. ☿.

M. v. S. Br. C. A. van Scupeſtyn.

S. - J. van Oſterom.

HALESWORT in SUFFOLK.
Nr. 318. *Zur Klugheit,* (*of Prudence*)
E. N. 500. g. 5792.

HALIFAX in YORKSHIRE.
a) *Nr.* 319. *Zur Uebereinſtimmung,* (*of*
Harmony) E. N. 461. g. 5789. 2. ☽.

b) *Nr.* 320. *Zur Einigkeit und Trübſal,*
(*Union Croſs*) E. N. 61. g. 5738.
2. u. 4. ☿.

c) *Nr.* 321. *Zum königlichen weiſſen Hirſch,*
(*Royal white Hart L.*) E. N. 223.
g. 5767.

HAL.

HALLE im MAGDEBURGSCHEN.

Nr. 322. *Z. d.* 3. *Degen.*

M. v. S. Br. Matth. Wilh. von Madeweis, K. Kriegsrath und Poftdirector.

D. M. Br. Heinr. Phil. Goldhagen, Rathsmeift.

1. A. - Frid. Adolph Richter, Profeff. Medic.

2. A. - Wilhelm Keferftein, Stadtfyndicus.

S. ⎱ a. - Frid. Heisler, Rathmann.
⎰ b. - Franz Conrad, Juftizcommiffarius.

HAMBURG.

a) Nr. 323. *Abfolon z. d.* 3. *Sternen.*
E. N. 415. g. 5740. v. 5787.

M. v. S. Br. Otto von Axen, Kaufmann.

1. A. - Joh. Nicol. Bulle, Kaufmann.

2. A. - Joh. Joach. Jaenifcb, d. R. L.

S. - Aug. Frid. Kraegelius, Kaufmann.

b) Nr. 324. *Z. rothen Adler. Z.* g. 5774. 14. V.

M. v. S. Br. Vicent Dresky, d. R. D.

D. M. - David Schlüter, d. R. D.

1. A. - Daniel Schnelle, Advocat.

2. A. - Nic. Died. Raetke Kuskopf, Kaufmann.

S. - Mart. Erdm. Zimmermann, Kaufm.

c) **Nr.** 325. *Emanuel zur Maiblume.* E. N.
417. g. 5774. v. 5787.

M. v. S. Br. Frid. Ludw. Schröder, Unterneh-
mer des Hamburgſchen Schauſpiels.

1. A. Br. Heinr. Chriſtoph Lienau, Makler.
2. A. - Carl Ernſt Bohn, Buchhändler.
S. - Joh. Wilh. Frid. Wagner, Kaufmann.

d) **Nr.** 326. *Ferdinand zum Felſen.* 1. ♃.

M. v. S. Br. Jac. Conr. Feldmann, Kaufmann.
D. M. - Joh. Gottlob Grellmann, Bancquier.
1. A. - Carl Frid. Funkmichel, Kaufmann.
2. A. - Arphaſt Mummi, Kaufmann.
S. ⎱ a. - Moriz Benj. Gottl. Grellmann, Kaufm.
⎰ b. - Joh. Caſpar Strokark, Everführer.

e) **Nr.** 327. *Ferdinande Caroline zu den*
3. *Sternen.* E. N. 418. g. 5776. v. 5787.

M. v. S. Br. Pet. Andr. Schütt, M. Dr.
1. A. - Michael Brandt, M. Dr.
2. A. - Joh. Chriſtoph Schützer, Makler.
S. - Joh. Joach. Burmeſter, M. Dr.

f) **Nr.** 328. *S. Georg zur grünenden Fichte.*
E. N. 416. g. 5743. v. 5787.

M. v. S. Br. Bernh. Georg Schuch, Wundarzt.

1. A.

1. A. Br. Raetke Carl Janſſen, · Kaufmann.

2. A. - Peter Heinr. Limprich, Hauptmann
bei der Infanterie der Stadtgarniſon.

S. Br. Georg Daniel Schuch, M. Dr.

g) *Nr.* 329. *Zur goldenen Kugel.* Z. g.
5770. 29. VIII.

M. v. S. Br. Ant. Detlef v. Schönermark, Hauptmann und Chef der Dragoner zu Hamburg.

h) *Nr.* 330. *Z. d. 3. Roſen.* Z. g. 5770.
24. I.

M. v. S. Br. Carſt. Albrecht Schroedter, M. Dr.

HAMM in der Graffchaft MARK.

Nr. 331. *Zum hellen Licht.* g. 5792. 8.
II. 1. ♃.

M. v. S. Br. Frid. Ernſt, Freiherr Senſt von
Pilſach, Landrath.

D. M. Br. Frid. v. Wolframsdorf, Kriegs - und
Domainenrath.

1. A. Br. Carl Died. v. Sudthauſen, Kriegsrath.

2. A. - Carl, Freiherr von Plettenberg, genannt v. Bodelſchwing, Märkſcher Landrath.

S. Br. Ernſt, Freiherr von Reden, Kriegs-
und Domainenrath.

HAMMERSMITH.

Nr. 332. *Zum Engel*, (*Caveac L. Angel*)
E. N. 232. g. 5768. 1. ♂.

HAMPSTEAD in KENT.

Nr. 333. *Zum heiligen Johannes*, (*S. John*)
E. N. 221. g. 5767. 1. ♃.

HAMPTON - COURT.

Nr. 334. *Zur Uebereinſtimmung*, (*of Har-*
mony) E. N. 384. g. 5785.

HANDSWORTH in STAFFORDSHIRE.

Nr. 335. *Zur Einigkeit*, (*Union*) E. N.
514. g. 5793. 1. ♃. 3. ☿.

HANNOVER.

a) *Nr.* 336. *Zum ſchwarzen Bär.* E. N.
396. v. 5786. 1. ♃. II. IV. VI. VIII.
X. XII. S. F. 17. III.

M. v. S.   Br. Joh. Bodo Lampe, K. Leibchirurg.

D. M.   - Chriſt. Frid. Wehner, geheimer
Kanzlei - Secretair.

1. A.   Br. Joh. Gottl. Stoffregen, Gerichtsſchrei-
ber bei dem Rath der Altſtadt.

2. A.   Br. Georg Frid. Haucke, Hofküchenmeiſt.
   S.   - Frid. Phil. Bünemann, Kanzlei - Secretair.

b)

b) Nr. 337. Zur Ceder. Z. 3. ℣. 1. III.
V. XI. S. F. 20. IX.

M. v. S. Br. Conrad Heinr. Riechelmann, Kaufmann.

1. A. Br. Joh. Ludw. Heinr. Priefer, Kaufmann
und Diaconus.

2. A. Br. Joh. Frid. Jul. Priefer, Colleĉten-
Regiſtrator.

S. Br. Heinr. Aug. Reinecke, Advocat.

c) Nr. 338. Friderich zum weiſſen Pferde.
E. N. 122. g. 5755.

HARWICH in ESSEX.

Nr. 339. Zum heiligen Nicolaus, (S. Ni-
colas) E. N. 174. g. 5764.

HASENPOTH in CURLAND.

Nr. 340. Zur grünen Flagge.

HEILSBERG.

Nr. 341. Zum Aeſculap. Z.

M. v. S. Br. Joh. Ernſt von Kurowsky, Hauptmann und Erbherr auf Schwaraunen bei Bar-
tenſtein in Preuſſen.

HELSINGFOR.

Nr. 342. S. Auguſlin. S.

HEN-

HENLEY an d. Alme in WARWICHSHIRE.

Nr. 343. *Zum heiligen Johannes, (S.John)* E. N. 492. g. 5791. 1. u. 3. ☽.

HEREFORD.

Nr. 344. *Palladian L.* E. N. 160. g. 5762. 1. ♂.

HERMANSTADT in SIEBENBUERGEN.

a) Nr. 345. *Andreas z. d. 3. Kleeblättern.*

b) Nr. 346. *Zum geheiligten Eifer.*

HERZOGENBUSCH.

a) Nr. 347. *Die Eintracht, (la Concorde) .H.*

b) Nr. 348. *Der gute Glaube, (la bonne Foi) H.*

c) Nr. 349. *Die Beharrlichkeit, (la Perfeverance) H.*

H * * * N.

Nr. 350. *S. C. z. R.* E. N. 405. g. 5787.

HILDESHEIM in NIEDERSACHSEN.

a) Nr. 351. *Pforte zur Ewigkeit.* E. N. 161. g. 5762. r. 5786. 2. ☿. S. F. ☿. n. Lucae, u. J. F. ☿. n. Joh.

M.

M. v. S. Br. Georg Heinr. Sander, Secretair und Regierungsadvocat.

D. M. Br. Joh. Heinr. Behre, Rathsbauverwalt.

E. M. - Ant. Ernſt Heinr. Wendt, Baumeiſt.

1. A. - Joh. Rud. Praël, F. Leibwundarzt.

2. A. - Joh. Jacob Paap, Uhrmacher.

S. - Phil. Jac. Hillebrandt, Regierungs-Advocat.

b) Nr. 352. Zum ſtillen Tempel. E. N. 490. g. 5791. *

HIRSCHBERG in SCHLESIEN.

Nr. 353. Z. d. 3. Felſen. Z.

M. v. S. Br. Chriſt. Frid. Thomann, Kaufmann.

D. M. - Chriſtoph Joh. Geier, Senator u. Oberſchaugerichts Præſes.

HOLYHEAd in N. WALES.

Nr. 354. Móna L. zum Königshaupt, (*Mona L. King's Head*) E. N. 229. g. 5768. 3. ♀.

HONDURAS - BAY.

Nr. 355. Zur Freundſchaſt, (of Amity) E. N. 167. g. 5763. 1. u. 3. ♂.

HOYA

HOYA in der Graffchaft HOYA.

Nr. 356. *S. Alban zum ächten Feuer.*
g. 5786.

M. v. S. Br. Ernft Aug. Meyer, K. Oberdeichgraefe.

1. A. - Carl de la Porte, Officier des 5ten Regiments.

2. A. Br. Friderich Cordemann, desgleichen.

S. - Joh. Gottfr. Heinr. Scharf, Gerichtsverwalter und Advocat.

HUDDERSFIELD in YORKSHIRE.

Nr. 357. *Zum weiffen Hirfch, (white Hart)* E. N. 513. g. 5793.

HULL in YORKSHIRE.

Nr. 358. *Rodney L.* E. N. 351. g. 5781.

1. u. 3. ♃. W. 1. ♃. S.

HULST in FLANDERN.

Nr. 359. *De Phoenix.* H. l. ♄.

M. v. S. Br. P. J. Joly.

S. - J. J. Tegelberg.

HUNTSPILL in SOMERSETSHIRE.

Nr. 360. *Die Ländlich - Philanthropifche L. (Rural - Philanthropic L.)* E. N. 517. g. 5793.

HU-

HUSUM im SCHLESWIGSCHEN.

Nr. 361. *Carl zur guten Hofnung.*

JERSEY.

Nr. 362. *Zu S. Hilary.* E. N. 197. g. 5765.

JEVERN.

Nr. 363. *Zum ſilbernen Schlüſſel.*

ILFORD in ESSEX.

Nr. 364. *Zur Freundſchaft,* (*of Friendſhip*) E. N. 227. g. 5767.

ILMINSTER in SOMERSETSHIRE.

Nr. 365. *Zur Einmüthigkeit,* (*of Unanimity*) E. N. 433. g. 5788.

INSPRUCK in der Graffckaft TYROL.

a) *Nr.* 366. *Zu den* 3. *Bergen.* *

b) *Nr.* 367. *Z. ſymboliſchen Cylinder.* *

INSTERBERG in OSTPREUSSEN.

Nr. 368. *Zu den* 3. *Kronen.*

IPSWICH in SUFFOLK.

a) *Nr.* 369. *Die brittiſche Einigkeit z. goldenen Löwen,* (*Britiſh Union golden Lion*) E. N. 147. g. 5762.

1. ♂.

b)

b) Nr. 370. *Zur vollkommenen Freund-*
fchaft, (*of perfeɛ̃ Friendfhip*) E. N.
389. g. ₅785. 3. ♀.

ISLE of ELY in CAMBRIDGESHIRE.
Nr. 371. *Philharmonic L.* E. N. 179.
g. ₅764. *t.* ☽.

KASAN in ASIEN.
Nr. 372. *Zur aufgehenden Sonne.* R.

KAUFBEVERN in SCHWABEN.
Nr. 373. *Charlotte zu den 3. Sternen.* g.
₅786. *

KEMPTEN in SCHWABEN.
Nr. 374. *Zur aufgehenden Sonne.* E. N.
475. g. ₅787. 19. VIII. 1. ☽.

M. v. S. Br. Joh. Jac. v. Jenifch, Edler von
Lauberzell, des heil. R. R. Ritter, Burgermeifter und Handelsherr.

1. A. Br. Ge. Walter von Jenifch, Edler von
Lauberzell, des heil. R. R. Ritter und Handelsherr.

2. A. Br. Ge. Matth. v. König, Stadtamtmann
und Handelsherr.

S. Br. Joh. Mart., Edler v. Abele, d. R. D.
Kaiferl. Pfalzgraf und Syndicus.

KEN-

KENDAL in WESTMORELAND.

Nr. 375. *Zum weiſſen Löwen, (white Lion)*
E. N. 173. g. 5764. 1. ☿.

KICHLEY in YORKSHIRE.

a) Nr. 376. *Royal Yorkſhire L.* E. N.
439. g. 5788. 1. ☽.

b) Nr. 377. *Samaritan I.* E. N. 504.
g. 5792.

KINGSTON in JAMAICA.

a) Nr. 378. *Mutter L. N. I.* E. N. 64.
g. 5739. 1. u. 3. ♄.

b) Nr. 379. *Tochter L. N. II.* E. N. 269.
g. 5771.

c) Nr. 380. *Zur Uebereinſtimmung, (Har-*
mony Nr. III.) E. N. 270. g. 5771.

KINGSTON in HEREFORDSHIRE.

Nr. 381. *Silurean L.* E. N. 485. g. 5791.

KLAGENFURT in KAERNTEN.

Nr. 382. *Zur wohlthätigen Marianne.* *

KLATTAU in BOEHMEN.

Nr. 383. *Zur Aufrichtigkeit.* *

KNARESBOROUGH.

Nr. 384. *Die Newtonianſche L. zum Ele-*
phanten, (*Newtonian L. Elephant*) E. N.
408. g. 5787. 4. ☽.

KOELLN am RHEIN.

Nr. 385. *Zum Geheimniſs der* 3. *Königen,*
(*Au Secret de* 3. *Rois.*)

M. v. S. Br. N. Ulpenich, Kaufmann.

KOENIGSBERG in PREUSSEN.

a) *Nr.* 386. *Friderich z. goldenen Leuchter.*

b) *Nr.* 387. *Zu den* 3. *Kronen.*

M. v. S. Br. Aug., Graf v. Dönhoff, Etatsmi-
niſter und Obermarſchall.

D. M. Br. Frid. Wilh. v. Preuſs, Major bei
dem Füſelier-Bataillon von Rembow.

1. A. Br. Theod. Gottl. v. Hippel, Geheimerrath und Oberburgemeiſter.

2. A. Br. Carl Ludw. von Botſchwing, Kammerherr.

S.] a. Br. Wivig. v. Winterfeld, Regierungspræſid.
   ] b. - David le Noble, Regierungs-Secret.

c) *Nr.* 388. *Zum Phoenix. Z. g.* 5775.
10. IX. 10. T. d. ☽.

M.

M. v. S. Br. Joh. Heinr. Neumann, Stadtrath
und zweiter Syndic.

D. M. Br. Joh. Frid. Ludw. Killmar, Kaufmann.

1. A. - Carl Ludw. Melch. von Knobloch,
Lieutenant bei dem Infant. Regim. v. Haufen.

2. A. Br. Ernft Joh. von Derfchau, Lieutenant
felbigen Regiments.

S. Br. Joh. von Neans, Agent und Buchhal-
ter bei der Zuckerfiederei.

*d) Nr. 389. Zum Todtenkopf. Z. g. 5772.
21. III. 21. T. d. ☽.*

M. v. S. Br. Frid. Ernft Jefter, Oberforft - und
Kriegsrath.

D. M. Br. Carl Heinr. Grube, Ober - Accife-
und Zoll - Rath.

1. A. Br. Joh. Chrift. Hampus, Stadtrath.

2. A. - Ludw. Hyacinth, Freiherr v. Rarrive,
genannt v. Selle, Lieutenant bei dem Regiment Herzog von Holftein.

S. Br. Ludw. Chrift. Wenkftern, Juftizamtm.

LAIBACH im Herzugthum CRAIN.

*Nr. 390. Zur Wohlthätigkeit und Stand-
haftigkeit. ***

E 2   The

The LAKES in Upper - CANADA.

Nr. 391. *Rawdon L.* E. N. 498. g. 5792.

LANCASTER.

Nr. 392. *Zur Stärke*, (*of Fortitude*) E. N. 484. g. 5795.

LEEDS in YORKSHIRE.

a) *Nr.* 393. *Loyal and prudent L.* E. N. 493. g. 5791.

b) *Nr.* 394. *Philantropic L.*, *Crown-inn.* E. N. 542. g. 5794.

LEEVWARDEN in FRIESLAND.

Nr. 395. *Die friefifche Treue*, (*De Frie-fche Trouw*) H. 1. ☿.

M. v. S. Br. E. W. Huber.

S. - P. A. Schick.

LIVORNO.

a) *Nr.* 396. *Zur aufrichtigen brüderlichen Liebe*, (*of fincère brotherly Love*) E. N. 266. g. 5771.

b) *Nr.* 397. *Zur vollkommenen Einigkeit*, (*of perfect Union*) E. N. 265. g. 5771.

LEI-

LEICESTER.

Nr. 398. *Zum heil. Johannes,* (*S. John*)
E. N. 471. g. 5790. 1. ☿.

LEIGH in LANCASHIRE.

Nr. 399. *Zur Klugheit,* (*of Prudence*)
E. N. 301. g. 5774.

LEIPZIG.

Nr. 400. *Minerva z. d. 3. Palmen.* 1. ♂.

LEMBERG in GALLIZIEN.

a) *Nr.* 401. *Zu den 3. weißen Adlern.*

b) *Nr.* 402. *Zur aufrichtigen Freundschaft.*

c) *Nr.* 403. *Zur runden Tafel.*

LEYDEN in HOLLAND.

a) *Nr.* 404. *Die Aftraea,* (*l'Aftrée*) H.

b) *Nr.* 405. *Die Freunde der Tugend und
der Kunft,* (*Virtutis et Artis Amici*) H.

c) *Nr.* 406. *Die Eintracht,* (*la Concorde*)
H.

d) *Nr.* 407. *Die Standhaftigkeit,* (*De
Standvaftigheid*) H.

e) *Nr.* 408. *Die Tugend,* (*la Vertu*) H.
M. v. S. Br. A. J. B. Drablen.

LIEBAU in CURLAND.

Nr. 409. *E. N.* 345. g. 5780.

LINCOLN.

Nr. 410. *Witham L.* E. N. 530. g. 5793.

LINZ in OESTERREICH ob der ENS.

Nr. 411. *Zu den 7. Weifen.* *

LICHTFIELD in STAFFORDSHIRE.

Nr. 412. *Zur Einheit*, (*of Unity*) E. N.
411. g. 5787. 1. u. 3. ☽.

LIVERPOOL in LANCASTER.

a) Nr. 413. *Die Schiffers L.* (*Mariner's L.*)
E. N. 362. g. 5783. 1. u. 3. ♃.

b) Nr. 414. *Die Kaufmanns L.*, (*Mer-
chants L.*) E. N. 344. g. 5780.
1. u. 3. ♃.

c) Nr. 415. *Die See-Capitains L.*, (*Sea
Capitains L.*) E. N. 115. g. 5755.

d) Nr. 416. *E. N.* 518. g. 5793.

LOEWENBERG in SCHLESIEN.

Nr. 417. *Zum Wegweifer.*

M. v. S. Br. Jofeph, Graf von Frankenberg
auf Werthau.

LONDON.

1) *Nr.* 418. *S. Alban.* Nr. 22. g. 5727. 1. ☽.

2) *Nr.* 419. *Die wiedervereinigten Freunde zum K. Waapen,* (*L. des Amis réunis King's Arms*) Nr. 110. g. 5754. 3. ☽.

3) *Nr.* 420. *S. Andrew.* Nr. 231. g. 5776. 4. ☽.

4) *Nr.* 421. *Zum Engel auf der Erde,* (*Angel upper Ground*) N. 211. g. 5767. 3. ♂.

5) *Nr.* 422. *Zur Aufmerksamkeit,* (*of Attention*) N. 23. g. 5728. 2. u. 4. ♃.

6) *Nr.* 423. *Zum Alterthum,* (*of Antiquity*) Nr. 1. 1. u. 3. ☿. (arbeitet seit undenklichen Zeiten.)

7) *Nr.* 424. *Die Bank von England,* (*Bank of England*) E. N. 435. g. 5788. 4. ♃.

8) *Nr.* 425. *Bedfords L.* N. 205. g. 5766. 4. ☿.

9) *Nr.* 426. *British L.,* (*Nag's Head*) N. 4. g. 5721. 1. u. 3. ♂.

10)

10) *Nr.* 427. *Zum weißen Bär*, (*Britiſh ſocial L. white Bear*) N. 183. g. 5765. 3. ♂.

11) *Nr.* 428. *Zur Kutſche und Pferden*, (*Burlington L. Coach and Horſes*) N. 128. g. 5756. 3. ♃.

12) *Nr.* 429. *Zum halben Mond*, (*Caledonian L. Half - Moon*) N. 180. g. 5764. 1. ☽.

13) *Nr.* 430. *Zum weißen Schwan*, (*Caſtle L. white Swan*) N. 25. g. 5730. 1. ♃.

14) *Nr.* 431. *Zur Königin Charlotte*, (*Queen Charlotte*) N. 239. g. 5768. 2. ♃.

15) *Nr.* 432. *City L.* N. 53. g. 5737. 2. u. 4. ♃.

16) *Nr.* 433. *Zur Eintracht*, (*of Concorde*) N. 228. g. 5768. 2. u. 4. ☽.

17) *Nr.* 434. *Zu dem Hahn und der Flaſche*, (*Corinthian L. Cock and Bouttler*) N. 188. g. 5765. 2. ☿.

18) Nr. 435. *Zum Eckstein*, (*the Corner-Stone L.*) N. 26. g. 5730. 2. ♂.

19) Nr. 436. *Zur alten Kron und Kiſſen,* (*Conſtitutional L. old Crown and Cuſhion*) N. 50. g. 5736. 4. ☽.

20) Nr. 437. *Country Stewards L.* N. 449. g. 5789.

21) Nr. 438. *Zum rothen Löwen*, (*Old Cumberland L. Red Lion*) N. 95. g. 5753. 2. ♂.

22) Nr. 439. *S. David zum K. Waapen.* N. 124. g. 5756. 4. ♀.

23) Nr. 440. *Dundee - Arms L.* N. 9. g. 5722. 2. u. 4. ♃.

24) Nr. 441. *Zur Gleichheit*, (*L'Egalité*) N. 380. g. 5785. 2. ☽. ceſſirt n. d. n. L.

25) Nr. 442. *Zum Wetteifer*, (*of Emulation*) N. 12. g. 5723. 3. ☽.

26) Nr. 443. *Zur Hofnung*, (*l'Eſperance*) N. 238. g. 5768.

27) Nr. 444. *Zur Glückſeligkeit*, (*of Felicity*) N. 54. g. 5737. 2. ♀.

28) *Nr.* 445. *Zur Stärke,* (*of Fortitude*) N. 6. g. 5722. 1. u. 3. ☿.

29) *Nr.* 446. *Zur Stärke,* (*of Fortitude*) N. 29. g. 5730. 2. ☿.

30) *Nr.* 447. *Foundation L.* N. 96. g. 5753. 2. ☿.

31) *Nr.* 448. *Zur Vertraulichkeit,* (*of Cordiality*) N. 134. g. 5757. 1. ☿.

32) *Nr.* 449. *Die Einigkeits L. zur Freiheit und Ruhe,* (*Union L. of Freedom & Eafe*) N. 43. g. 5735. 2. ♂.

33) *Nr.* 450. *Zur Freiheit u. Ruhe,* (*of Freedom and Eafe*) N. 118. g. 5755. 4. ☿.

34) *Nr.* 451. *Zum Königs Haupt,* (*Friendly L. King's Head Jnn.*) N. 466. g. 5790.

35) *Nr.* 452. *Zur Freundfhaft,* (*of Friendfhip*) N. 3. g. 5721.

36) *Nr.* 453. *Zur Freundfchaft,* (*of Friendfhip*) N. 257. g. 5770. 2. u. 4. ☿.

37) *Nr.* 454. *S. George de l' Obfervance.* N. 49. g. 5736. 1. ♃. ceffirt n. d. n. L.

38)

38) *Nr.* 455. *S. George zum weiſſen Löwen.* N. 191. g. 5765. 1. ☽.

39) *Nr.* 456. *S. Georg zur Roſe und Kro-ne,* (*S. George L. Roſe and Crown*) N. 92. g. 5752. 3. ♂.

40) *Nr.* 457. *Zur Weltkugel,* (*Globe*) N. 14. g. 5723. 1. ♃.

41) *Nr.* 458. *Zur Weltkugel,* (*Globe*) N. 20. g. 5725. 1. u. 3. ☽.

42) *Nr.* 459. *Glouceſter L.* N. 113. g. 5755. 3. ☿.

43) *Nr.* 460. *Gothic L.* N. 186. g. 5765. 4. ☽.

44) *Nr.* 461. *Grenadiers L.* N. 68. g. 5739. 2. ☿.

45) *Nr.* 462. *Zur Uebereinſtimmung,* (*of Harmony*) N. 18. g. 5724. 1. u. 3. ☽. W. 1. ☽. S.

46) *Nr.* 463. *Harodim L.* N. 467. g. 5790. ceſſirt n. d. n. L.

47) *Nr.* 464. *Helvetic Union L.* N. 311. g. 5775.

48)

48) *Nr.* 465. *Hiram.* N. 355. g. 5781.
l. ☽.

49) *Nr.* 466. *Zur Ehre und Grofsmuth,*
(*of Honour and Generofity*) N. 217.
g. 5767. 3. ♃.

50) *Nr.* 467. *Zur Bifchofskappe,, (Mitre)*
N. 178. g. 5764. 1. ♃.

51) *Nr.* 468. *Zur Ehre, (of Honour)*
N. 325. g. 5776. 1. ♂.

52) *Nr.* 469. *Zur Jacobs Leiter, (Jacobs*
Ladder) N. 15. g. 5723.

53) *Nr.* 470. *S. James.* N. 108. g. 5754.
2. ♃.

54) *Nr.* 471. *Jerufalem.* N. 263. g. 5771.
1. u. 3. ☿. M. ▭ 5. ☿. L. ▭.

55) *Nr.* 472. *Zur Unabhängigkeit, (of*
Independence) N. 339. g. 5779. 3. ♂.

56) *Nr.* 473. *Zur Arbeitfamkeit, (of In-*
duftrie) N. 264. g. 5771. 2. ♃.

57) *Nr.* 474. *Zur guten Meinung, (of good*
Intent) N. 387. g. 5785. 2. ☿.

58)

58) *Nr.* 475. *S. John Evang.* N. 182. g. 5765. 2. ☿.

59) *Nr.* 476. *Zum königlichen Waapen,* (*Jonic L. Kings Arms*) N. 8. g. 5772. 3. ☿.

60) *Nr.* 477. *Zum alten königlichen Wapen,* (*Old King's Arms*) N. 21. g. 5725. 1. u. 3. ♂.

61) *Nr.* 478. *Zum königlichen Wapen,* (*King's Arms*) N. 32. g. 5731. 2. u. 4. ♂.

62) *Nr.* 479. *Zum königlichen Wapen im Punschhaufe,* (*King's Arms, Punche-Houfe*) N. 203. g. 5766. 1. ☽.

63) *Nr.* 480. *Zur Freiheit im halben Mond,* (*of Liberty Halfmoon*) N. 287. g. 5772. 1. ♃.

64) *Nr.* 481. *London.* N. 142. g. 5760. 1. u. 3. ♂.

65) *Nr.* 482. *Manchefter L.* N. 236. g. 5768. 1. ☿.

66) *Nr.* 483. *S. Margarethe zur Rofe und* **Crone**, (*L. Margareth L. Rofe &* *Crown*) N. 393. g. 5786.

67) *Nr.* 484. *Zur heiligen Marie der Guten,* (*of S. Mary-la-bonne*) N. 7. g. 5722. 3. ☽.

68) *Nr.* 485. *Die arbeitenden Maurer,* (*Operative Mafons*) N. 185. g. 5765. 1. ♂. M. ☐ 5. ♂. L. ☐

69) *Nr.* 486. *Z. d.* 3. *grofsen Principien,* (*of the three grand Principles*) N. 283. g. 5772.

70) *Nr.* 487. *Zur Sittlichkeit,* (*of Mora-* *lity*) N. 215. g. 5767. 2. ♃.

71) *Nr.* 488. *Zu den* 9. *Mufen,* (*of the* 9. *Mufes*) N. 330. g. 5777. 3. ☽.

72) *Nr.* 489. *Zu dem Frieden und der Ueber-* *einftimmung im rothen Löwen,* (*of Peace* *and Harmony,* red *Lion*) N. 60. g. 5738. 2. ☽.

73) *Nr.* 490. *Zum Frieden und Ueberflufs,* (*of Peac and Plenty*) N. 67. g. 5739. 2. ♃. M. ☐ 5. ♃. L. ☐.

74)

74) *Nr.* 491. *Zur Beharrlichkeit,* (*of Per-*
feverance) N. 322. g. 5776. 1. ☿.

75) *Nr.* 492. *S. Peter.* N. 249. g. 5769.
3. ☾.

76). *Nr.* 493. *Zum Pilgrim,* (*of Pilgrim*)
N. 340. g. 5779. 1. ☿.

77) *Nr.* 494. *Zum Wohlergehen,* (*of Pro-*
fperity) N. 258. g. 5770. 2. ☿.

78) *Nr.* 495. *Zur Klugheit,* (*of Prudence*)
N. 69. g. 5740. 4. ♂. M. □ 5. ♂. L. □.

79) *Nr.* 496. *Zur Klugheit,* (*of Prudence*)
N. 97. g. 5753. 1. ♃.

80) *Nr.* 497. *Zur Regelmäſſigkeit,* (*of Re-*
gularity) N. 117. g. 5755. 4. ☿.

81) *Nr.* 498. *Zur Rofe und Krone,* (*Rofe*
and Crown) N. 104. g. 5754. 2. ♂.

82) *Nr.* 499. *Royal Naval L.* N. 57. g.
5738. 1. u. 3. ☿.

83) *Nr.* 500. *Die See- Capitains L.,* (*Sea-*
Capitains L.) N. 90. g. 5751. ceſſirt
n. d. n. Liſten.

84)

84) *Nr.* 501. *Shakespear.* N. 131. g. 5757.
3. ♃.

85) *Nr.* 502. *Zur Aufrichtigkeit,* (*of Sincerity*) N. 66. g. 5739. 3. ♂.

86) *Nr.* 503. *Zur Aufrichtigkeit,* (*of Sincerity*) N. 231. g. 5768. 2. ♂. M.▢ l. ☽.

87) *Nr.* 504. *Sociable L.* N. 30. g. 5731.
4. ☽.

88) *Nr.* 505. *Somerset - house.* N. 2.
2. u. 4. ☽. (arbeitet seit undenklichen Zeiten.)

89) *Nr.* 506. *Zum Stern und Hosenbande,* (*Star and Garter*) N. 27. g. 5730.

90) *Nr.* 507. *Die erledigte L. zum Stern und Hosenbande,* (*Vacation L. Star & Garter*) N. 55. g. 5737. 4. ☿.

91) *Nr.* 508. *Zum Stern und Hosenbande,* (*Star and Garter*) N. 446. g. 5789.

92) *Nr.* 509. *Das feste Schiff,* (*Strong-Man*) N. 41. g. 5734. 1. ♃.

93) *Nr.* 510. *Touscan L.* N. 184. g. 5765.
3. ♃.

94)

94) *Nr.* 511. *Zur Einigkeit*, (*of Union*)
N. 218. g. 5767. 3. ☿.

95) *Nr.* 512. *Zur Einigkeit*, (*of Union*)
N. 390. g. 5785. 1. ☾.

96) *Nr.* 513. *Zur Einheit*, (*of Unity*)
N. 72. g. 5742. 1. ♃.

97) *Nr.* 514. *Zur Einheit*, (*of Unity*)
N. 242. g. 5769. 4. ☾.

98) *Nr.* 515. *Prinz v. Wallis zum Stern
und Hofenband*, (*Prince of Wales Star
and Garter*) N. 412. g. 5787.

99) *Nr.* 516. *Weftminfter & Key-Stone L.*
N. 5. g. 5721. 1. ☾.

LUCCA in der Hannoverfchen Pfarrei auf
JAMAICA.

Nr. 517. *Nr. IX.* E. N. 318. g. 5775.

LUEBECK.

a) *Nr.* 518. *Zum Füllhorn. Z.* g. 5772.
21. III.

M. v. S. Br. Frid. Ludw., Graf y. Moltke, K.
Dän. geheimer Rath, des Dannebrog-Ordens
Ritter, Domdechant zu Lübeck.

D. M. Br. Fr. Schack Ad. Trendelenburg, Herz.
Sachfen-Weimar. Rath.

1. A. Br. Joh. Heinr. Wefterwick, Kaufmann.

2. A. - Joh. Peter Chriftoph Grabau, desgl.

S. - Georg Bernh. Horftmann, desgleichen.

F   b)

b) Nr. 519. *Zur Weltkugel. Z.*

M. v. S. Br. Ludw. Suhl , Affeffor bei dem Domkapitel.

LUENEBURG.

Nr. 520. *Z. goldenen Traube. Z.* g. 5775. 16. I.

LYNN - REGIS in NORFOLK.

Nr. 521. *Zur Freundschaft,* (of Friendship) E. N. 158. g. 5762. 3. ♀.

MACCESFIELD in CHESHIRE.

a) Nr. 522. *Zum Engel Beneficent L.* (at the Angel) E. N. 454. g. 5789.

b) Nr. 523. *Zur Einigkeit,* (Union) E. N. 526. g. 5793. 1. ♃.

MADRAS auf d. Küfte v. COROMANDEL.

a) Nr. 524. *Zur gefelligen Freundfchaft,* (of focial Friendfhip) E. N. 420. g. 5787.

b) Nr. 525. *Zur vollkommenen Einmüthigkeit,* (of perfeft Unanimity Nr. I.) E. N. 199. g. 5765.

c) Nr. 526. *Stewards L.* E. N. 93. g. 5752.

MAGDEBURG.

Nr. 527. *Ferdinand zur Glückfeligkeit,* L. ☐ 2. ♀. M. ☐ 4. ♀.

M.

M. v. S. Br. Chrift. Frid. Schewe, Confiftorial-
rath, Oberdomprediger, Infpector &c.

D. M.
- a. Br. Val. Frid. Gerken, Regimentsquar-
tierm. des v. Kalkfteinfch. Regiments.
- b. - - Joh. Fr. Klewitz, Hofrath u. Affeff.
des K. Accife - Directions - Collegii.

1. A.
- a. Br. Wilh. Carl v. Blomberg, Major des
von Kalkfteinfch. Regiments.
- b. - Chrift. Heinr. Müller, Canonicus
des Collegiatftifts S. Nicolai.

2. A. Br. Joh. Chrift. Schaefer; Oberempfänger.

S.
- a. Br. Joh. Frid. Ludw. Sievers, Domvicar.
- b. - Heinr. Immanuel Füller, Secretair
bei der K. Accife u. Zolldirection, wie auch
des Collegii medici.

MAIDSTONE in KENT.

Nr. 528. *Zur Stärke*, (of Fortitude)
E. N. 341. g. 5779.

MALINES (MECHELN.)

Nr. 529. *Die beständige Treue*, (la constante Fidelité.)

MALTHA.

Nr. 530. *S. Johann zum Geheimnifs und
zur Uebereinstimmung*, (S. John of Se-
crecy and Harmony) E. N. 448.
g. 5789.

MANCHESTER in LANCASHIRE.

a) *Nr.* 531. *Zur Stärke,* (*of Fortitude*) E. N. 63. g. 5738. 2. ☽.

b) *Nr.* 532. *Zur Vollkommenheit,* (*of Integrity*) E. N. 212. g. 5767. 1. ☽.

c) *Nr.* 533. *S. John.* E. N. 255. g. 5769. l. ☽.

d) *Nr.* 534. *Of Naphtali.* E. N. 441. g. 5788.

e) *Nr.* 535. *Zur Ruhe,* (*of Tranquillity*) E. N. 458. g. 5789. 4. ♀.

f) *Nr.* 536. *Zur Einmäthigkeit,* (*of Unanimity*) E. N. 111. g. 5754. 1. u. 3. ♂.

g) *Nr.* 537. *Zur Einigkeit,* (*of Union*) E. N. 443. g. 5788.

h) *Nr.* 538. *Zur Einheit,* (*of Unity*) E. N. 442. g. 5788.

MANNHEIM.

Nr. 539. *S. Carl zur Vereinigung.* E. g. 5778. 28. I.

MARCHE en FLAMINE.

Nr. 540. *Die Beständigkeit,* (*la Constance*).

MARGATE.

Nr. 541. *Thanet L.* E. N. 386. g. 5785. 2. u. 4. ☿.

MARIENBURG. in WESTPREUSSEN.

Nr. 542. *Victoria z. d. 3. gekrönten Thür-*
men.

MARIENWERDER in WESTPREUSSEN.

a) *Nr.* 543. *Zur goldenen Leyer.* Z.

M. v. S. Br. Joh. Frid. Schulz, Kriegs- und Do-
mäinenrath.

b) *Nr.* 544. *Zum goldenen Löwen.*

F. MALBOROUGH in OSTINDIEN.

Nr. 545. *Zur aufgehenden Sonne,* (*Rifing-*
Sun.) E. N. 274. g. 5772.

MARYLAND in N. AMERICA.

Nr. 546. *L. zu Joppa.* E. N. 195. g. 5765.

S. MARY'S ISLAND in JAMAICA.

Nr. 547. *Zur heiligen Marie,* (*S. Mary*)
E. N. 132. g. 5757.

MASTRICHT.

a) *Nr.* 548. *Die Beſtändigkeit,* (*la Con-*
ſtance) H. 1. ☉.

M. v. S. Br. P. G. Munix.
   S.   -   N. Engels.

b) *Nr.* 549. *Die Beharrlichkeit,* (*la Per-*
ſeverance) H. 1. ☉.

M. v. S. Br. B. Z. Stuten.
   S.   •   P. D. van Campen.

MAYLAND.

Nr. 550. *Zur Eintracht,* (*à la Concordia*).

MAINZ.

Nr. 551. *Friderich Carl Joseph zum goldenen Rade.* E. N. 456. g. 5789.

MEINUNGEN in FRANKEN.

Nr. 552. *Charlotte z. d.* 3. *Nelken.*

MELFORD in SUFFOLK.

Nr. 553. *Philantropic L.* E. N. 437. g. 5788.

MEMEL in PREUSSEN.

a) Nr. 554. *Zu den* 3. *Kronen.*

b) Nr. 555. *Memphis.*

M. v. S. Br. Ludw. Simpfon, Licentrath und Kaufmann.

1. A. Br. Lorenz Lorck, Dänifcher Conful und Kaufmann.

2. A. Br. Frid. Jac. Zeyfe, Juftizcommiffarius.

S. - Chrift. Gottl. Vierhuff, Secretair des K. Schiffahrt- und Handlungs-Gerichts.

MEMMINGEN in SCHWABEN.

Nr. 556. *Zur Morgenröthe.*

MESSINA in SICILIEN.

Nr. 557. E. N. 337. g. 5778.

MICH-

MICHLIMACINAC in CANADA.

Nr. 558. *S. John.* E. N. 376. g. 5785.

MIDDELBURG in SEELAND.

a) Nr. 559. *Die dauerhafte Gefellfchaft,* (*la
 Compagnie durable*) H. 2. ♀.

M. v. S. Br. Wilh. Parker.

b) Nr. 560. *Le Philantrop.* H.

M. v. S. Br. P. J. Boddart.

S. - P. J. Siraut Deftouche.

MIDDELWICH in CHESHIRE.

Nr. 561. *Die Arche Noah,* (*Noah's Ark*)
 E. N. 508. g. 5792.

MIETAU in CURLAND.

a) Nr. 562. *Ernft zum rothen Adler.*

b) Nr. 563. *Z. d.* 3. *gekrönten Schwerdtern.*

MINDEN - PREUSSISCH.

a) Nr. 564. *Aurora.* Z.

M. v. S. Br. Gottfr. Manz, Kaufmann.

b) Nr. 565. *Wittekind zur weftphälifchen
 Pforte.*

M. v. S. Br. Franz Traugott Frid. Wilh. von
 Breitenbauch, Kammerpräfident.

MISCOLE in UNGARN.

Nr. 566. *Zu den tugenhaften Cosmopoliten.*

MIT-

MITCHAM in SURREY.

Nr. 567. *Die Unbewegliche zum weiſſen Hirſch,* (*Inflexible, white Hart*).
E. N. 247. g. 5769.

MONS im HENNEGAU.

a) Nr. 568. *Die vollkommene Uebereinſtim-mung,* (*la parfaite Harmonie*).

b) Nr. 569. *Die vollkommene Einigkeit,* (*la parfaite Union*).

MONTEGO - BAY in JAMAICA.

Nr. 570. *Zum heiligen Jacob,* (*S. James*)
Nr. IV. E. N. 271. g. 5771.

MONTREAL in CANADA.

a) Nr. 571. *S. Paul.* E. N. 424. g. 5787.

b) Nr. 572. *S. Peter.* E. N. 154. g. 5762.

c) Nr. 573. *Select L.* E. N. 128. g. 5787.

d) Nr. 574. *Zur Freundſchaft,* (*of Friend-ſhip*) E. N. 522. g. 5793.

MONTSERRAT in WESTINDIEN.

Nr. 575. *Evangeliſt's L.* E. N. 160. g. 5753.

MORPETH in NORTHUMBERLAND.

Nr. 576. *S. Bedle.* E. N. 408. g. 5786.
2. u. 4. ☽.

MOSCAU.

a) Nr. 577. *Apis.* R.

b)

b) Nr. 578. *Zur Muse Clio.* E. N. 307.
g. 5774.

c) Nr. 579. *Zu d.* 3. *Degen.* R.

d) Nr. 580. *Zur Eleusis.* R.

e) Nr. 581. *Z. d.* 3. *christlichen Tugenden.*
R.

MUENCHEN in BAYERN.

Nr. 582. *Theodor zum güten Rath.* E.
g. 5779. 24. V.

MUENSTER in WESTPHALEN.

Nr. 583. *Zu den* 3. *Balken des neuen Tem-
pels.* 1. ☉.

M. v. S. Br. Frid. v. Schönebeck, Hauptmann
bei dem von Drostefchen Regiment.

D. M. Br. Bernh. Sprickmann, Canonicus und
Scholaster zu S. Martin.

1. A. Br. Clemens Aug. von Aachen. Hauptmann bei dem v. Wartenslebenfch. Regiment.

2. A. Br. Euftach. Hofius, Canonicus zu S. Mart.

S. - Wilh. Thombrink, Canonicus zu S.
Martin.

MUSQUITO - SHORE in N. AMERICA.

Nr. 584. *Zur Regelmäfsigkeit,* (*of Regu-
larity*) E. N. 164. g. 5763. 1. u. 3. ♂.

MUYDEN in HOLLAND.

Nr. 585. *Die Morgenröthe,* (*l'Aurore*) H.

NA-

NAMUR.

Nr. 586. *Die gute Freundfchaft,* (*la bonne Amitié.*)

NANTWICH in CHESTER.

Nr. 587. *Drei Tauben,* (*three Pidgeons*) E. N. 520. g. 5793.

NEAPEL.

a) *Nr.* 588. *Zur vollkommenen Einigkeit,* (*of perfect Union*) E. N. 237. g. 5758.

b) *Nr.* 589. *Zur Wahrheit,* (*della Verita*) E. N. 354. g. 5781.

c) *Nr.* 590. *Die wohlerlefene L.,* (*Well-chofen L.*) E. N. 245. g. 5769.

d) *Nr.* 591. E. N. 346. g. 5780.

NEATH in GLAMORGANSHIRE.

Nr. 592. *Zum Schiff und Schlofs,* (*Gnoll L. Ship & Caflle*) E. N. 333. g. 5777. 1. u. 3. ♂.

NEGAPATNAM an der Küfte von COROMANDEL.

Nr. 593. *Die Langgewünfchte,* (*De Lang-gewenfchte*) H.

NEISS in SCHLESIEN.

Nr. 594. *Zur weiffen Taube.* Z.

NESTON in CHESHIRE.

Nr. 595. *Zum goldenen Löwen*, (*golden Lion*) E. N. 253. g. 5768. 1. ♀.

NEUBRANDENBURG in MEKLENBURG.

a) Nr. 596. *Zum gekrönten goldenen Greif.*

b) Nr. 597. *Adolph zum Ritterring.*

NEUENZAUCH in der NIEDERLAUSITZ.

Nr. 598. *Zum glänzenden Siebengeſtirn.*

NEVIS in WESTINDIEN.

Nr. 599. E. N. 334. g. 5777.

NEWARK in NOTTINGHAMSHIRE.

Nr. 600. *Corinthian L.* E. N. 470. g. 5790.

NEW - BRENTFORD.

Nr. 601. *Zur Leutſeligkeit*, (*of Affability*) E. N. 56. g. 5737. 1. u. 3. ♀.

NEW - BRUNSWICK in N. AMERICA.

Nr. 602. *Fredericton.* E. N. 450. g. 5789.

NEW - CASTEL am Tyne in NORTHUMBERLAND.

Nr. 603. *S. Nicolas.* E. N. 208. g. 5766.

NEW - CASTEL in STAFFORDSHIRE.

Nr. 604. *Die freundſchaftliche Brüder L.* (*Friendly Brothers L.* (E. N. 523. g. 5793. 1. ♀.

NEW-

NEW - ENGLAND.

a) Nr. 605. *African L. in Boston.* E. N. 370. g. 5784.

b) Nr. 606. *Marblehead L. in Maffachufetsbay.* E. N. 83. g. 5750.

c) Nr. 607. *Newhaven L. in Connecticut.* E. N. 85. g. 5750.

d) Nr. 608. *Die Vorfehung in R. Island, (Providence)* E. N. 130. g. 5757.

e) Nr. 609. *Nr. II. in Boston.* E. N. 370. g. 5784.

NEW - FOUNDLAND.

Nr. 610. *Placentia.* E. N. 367. g. 5784.

NEW - OSWEGATCHIE in CANADA.

Nr. 611. E. N. 429. g. 5787.

NEW - ABBOT in DEVONSHIRE.

a) Nr. 612. *Zur Sonne, (the Sun)* E. N. 141. g. 5759. 2. ♂.

b) Nr. 613. *Royal George.* E. N. 243. g. 5769.

NEW - SHOTTLAND.

Nr. 614. *Nr. I. Halifax.* E. N. 82. g. 5749.

NEW - WINDSOR.

Nr. 615. *S. George zum weiffen Hirfch.* E. N. 385. g. 5785.

NEW.

NÊW - YORK in N. AMERICA.

Nr. 616. S. John. Nr. II. E. N. 135.
g. 5757. 2. u. 4. ☿.

F. NIAGARA in CANADA.

Nr. 617. S. John. E. N. 430. g. 5787.

NISCHNOI - NOVOGROD.

Nr. 618. Zur vollkommenen Eintracht. R.

NORDHAUSEN.

Nr. 619. Zur gekrönten Unfchuld. Z.

M. v. S. Br. Frid. Wilh. Ehrhardt, privatifirenden Gelehrter.

D. M. Br. Chrift. Ernft Keferftein, Papierfabric.

E. M. - Ge. Frid. Heinr. Plicth, Prediger zu Salza.

1. A. Br. Ge. Frid. Seidler, Senator.

2. A. • Joh. Aug. Filter, Confiftorial-Secret.

S. - Juft. Ludw. Günther Leopold, Prediger zu Appenrode.

NORFOLK in VIRGINIEN.

Nr. 620. Zur K. Börfe, (Royal Exchange) E. N. 102. g. 5753. 1. ♃.

NORTHAMPTON,

Nr. 621. - *Zur Uebereinftimmung, (of Harmony)* E. N. 453. g. 5789.

NORTH-

NORTH - SHIELDS in NORTHUM-BERLAND.

Nr. 622. *Sion.* E. N. 209. g. 5766. 2. ♂.

NORTWICH in CHESHIRE.

Nr. 623. *Zum Handel u. der Schiffahrt,* (*of Trade & Navigation*) E. N. 410. g. 5787. 1. ♃.

NORWICH in NORFOLK.

a) *Nr.* 624. *Zum schwarzen Pferd,* (*Black Horse*) E. N. 192. g. 5765. 1. ♀.

b) *Nr.* 625. *Zum Schloß u. Löwen,* (*Castle et Lion*) E. N. 105. g. 5754. 1. u. 3. ☽.

c) *Nr.* 626. *Zum Springbrunnen,* (*Fountain*) E. N. 99. g. 5753. 1. u. 3. ☿.

d) *Nr.* 627. *Zum Königs Haupt,* (*King's Head*) E. N. 48. g. 5736. 1. ♃.

e) *Nr.* 628. *Zum Jungfern Haupt,* (*Maid's Head*) E. N. 78. g. 5748. 3. ♂.

f) *Nr.* 629. *Zur röthen Kuh,* (*Red Cow*) E. N. 80. g. 5749. 1. ♂.

g) *Nr.* 630. *Zum weißen Schwan des heil. Peters,* (*white Swan S. Peters*) E. N. 16. g. 5724. 1. ☿.

h) *Nr.* 631. *Two - necked Swan.* E. N. 501. g. 5792.

i)

i) Nr. 632. *Das Einhorn zur heilig. Marie,* (*Unicorn S. Mary's*) E. N. 86. g. 5751. 2. u. 4. ☿.

NOTTINGHAM.

Nr. 633. *Zur Einigkeit,* . (*Union*) E. N. 162. g. 5763. 3. ♂.

NUERNBERG.

a) Nr. 634. *Joseph zur Einigkeit.*

b) Nr. 635. *Zu den* 3. *Pfeilen.* E. N. 473. g. 5790.

M. v. S. Br. Hans Carl Welser von Neunhof, Senator.

1. A. Br. Paul Wolfg. Merkel, Kaufmann und Marktsadjunct.

2. A. Br. Justus Christian Kiefsling, desgleich.

S. {
a. - Carl Heinr. v. Oertel, Herzogl. Hild- burghauf. Kammerjunker.

b. - Carl Jac. Wilh. Scheurl v. Defersdorf, Senator.

NIMWEGEN.

a) Nr. 636. *Zur brüderlichen Freundschaft,* (*l'Amitié fraternelle*) H.

b) Nr. 637. *Zur Redlichkeit,* (*la Candeur*) H.

c) Nr. 638. *Zur Uebereinstimmung,* (*la Harmonie*) H.

d)

d) Nr. 639. *S. Ludewig,* (*S. Lodewyk*)
. H. 1. ♀. .

M. v. S. Br. W. S. J. Morees.

S. • J. van Rees. .

ODENSE auf der Infel FUENEN.
Nr. 640. *Maria z. d.* 3. *Herzen.*

M. v. S. Br. Chrift. Ewald, Canzleirath.

1. A. – Albrecht Chriftoph von Heinen,
Kammerherr.

2. A. Br. Lorenz Martin Bendz, Landrath in
Fünen und Burgermeifter in Odenfe.

S. Br. Jver Chriftian von Laffon, Major und
Esquadron - Chef des Fünenfchen Dragoner-
Regiments. ' ·

OFEN und PEST in UNGARN.
a) Nr. 641. *Zur Grofsmuth.*

b) Nr. 642. *Z. d.* 7. *Sternen u. Vereinigung.*

M. v. S. Br. Franz Xaver Adam von Aigner,
K. K. Hauptmann der Armée.

D. M. Br. Alexand. Madach v. Alfo - Sztregova,
Landesadvocat beider K. Gerichtstafeln, und
Affeffor des Neograder Comitats.

1. A. {
  a. Br. Jofeph v. Mahlern, Regiftrator und
    Expeditor der Ungarnfchen Landes-
    General - Militair - Commandi.
  b. - Franz Gudacker, Graf und Herr zu
    Stahremb., K. K. wirkl. Kammerh,
    Niederöfterr. Regierungsrath und
    Erbmarfchall ob und unter der Ens.
                   2. A.

2. A.⎫ a. Br. Samuel Liedemann, Kaufmann zu Peſt.
⎰ b. - Joh. v. Margalics, Burgermſtr. zu Ofen.

⎫ a. Br. Anton Pauler, Raith-Officier bei der
S. ⎪ K. Hofkammer-Buchhalterei.
⎰ b. - Andr. Halitzky, Profeſſor der deutſch.
Sprache an der K. Univerſität zu Peſt.

OLDELVITH in DURHAM.

Nr. 643. *Marquis of Granby.* E. N. 166.
g. 5763. 1. ♂.

OLDENBURG.

Nr. 644. *Zum goldenen Hirſch.* Z. g. 5776.
27. III.

M. v. S. Br. Ludw. Wilh. Chriſt. v. Halem,
Cabinets-Secretair.

1. A. Br. Ge. Nicol. v. Lindeloff, Lieutenant
der Infanterie.

2. A. Br. Conrad Heinr. Lindinger, Kaufmann.

S. - Joh. Chriſt. Wigand Erdmann, Regie-
rungs-Secretair.

OLDHAM in LANCASHIRE.

Nr. 645. *Zur Freundſchaft,* (*of Friendſhip*)
E. N. 463. g. 5789.

ORMSKIRK in LANCASHIRE.

Nr. 646. *Zur Uebereinſtimmung,* (*of Harmony*) E. N. 403. g. 5786.

G OSTEN-

OSTENDE in FLANDERN.

Nr. 647. Zu den 3. Setzwagen, (les trois Niveaux.)

OSTERODE am HARZ.

Nr. 648. Tempel zur Eintracht. Z. g. 5792. 10. VII.

M. v. S. Br. Frid. Heiur. Köpp, Landfyndicus.

PAIGNTON in DEVONSHIRE.

Nr. 649. Zur Kron und Anker Torbay L. (Crown and Anchor) E. N. 277. g. 5772.

PASSAU.

Nr. 650. Zu den 3. vereinigten Wäffern. *

PENRITH in CUMBERLAND.

Nr. 651. Zum König von Preuffen, (King of Pruffia) E. N. 328. g. 5776. 2. ☿.

PENRYN in CORNWALL.

Nr. 652. Zum Frieden, zur Freude und brüderlichen Liebe, (of Peace, Joy and brotherly Love) E. N. 361. g. 5782.

PETERSBURG.

a) Nr. 653. Alexander. R.

b) Nr. 654. Apollo. R.

c) Nr. 655. Bellona. E. N. 305. g. 5774.

d) Nr. 656. Concordia. R.

e)

e) Nr. 657. *Zum Eichthale.* R.

f) Nr. 658. *Die wiedervereinigten Brüder,* (*les Fréres réunis*) R.

g) Nr. 659. *Horus.* R.

h) Nr. 660. *Hygaea.* R.

i) Nr. 661. *Mildthätigkeit z: Pelikan.* R.

k) Nr. 662. *Zu den 9. Mufen,* (*of the 9. Mufes*) E. N. 303. g. 5774.

l) Nr. 663. *Phoenix.* R.

m) Nr. 664. *Sphynx.* R.

n) Nr. 665. *Urania,* E. N. 304. g. 5774.

o) Nr. 666. *Zur vollkommenen Einigkeit,* (*of perfect Union*) E. N. 267. g. 5771.

p) Nr. 667. *Verfchwiegenheit.* R.

S. PHILIP in der BUKOWINE.

Nr. 668. *Zu den tugendhaften Weltbürgern.*

PLAUEN im VOIGTLANDE.

Nr. 669. *Zu den 3. Flammen.* 1. ☿.

M. v. S. Br. Jöh. Chrift. Carl Heinr. y. Pafch-witz, K. Preuffifch. Hauptmann zu Magwitz.

E. M. Br. Joh. Georg Starkgraf, Kaufm. in Fürth.

1. A. - Frid. Aug. Haufsner, desgl., in Plauen.

2. A. • Carl Gottlob Birkner, desgleichen.

S. - Carl Frid. Aug. Höppner, Churfäch-fifcher Finanzprocurator.

PLES-

PLESCAU.

Nr. 670. *Zum flammenden Stern.* R.

PLYMOUTH in DEVONSHIRE.

a) *Nr.* 671. *Amphibious L.* E. N. 407. g. 5787.

b) *Nr.* 672. *Prince George.* E. N. 79. g. 5748. 1. u. 3. ☽.

c) *Nr.* 673. *Zur Einheit*, (*of Unity*) E. N. 137. g. 5758. 2. u. 4. ☽. 1. ♂. M. ▭.

PLYMOUTH - DOCK.

a) *Nr.* 674. *Zur Eintracht*, (*of Concorde*) E. N. 374. g. 5785.

b) *Nr.* 675. *Zur Stärke*, (*of Fortitude*) E. N. 140. g. 5759. 1. u. 3. ♂.

c) *Nr.* 676. *Zur Freundschaft*, (*of Friendship*) E. N. 268. g. 5771. 1. u. 3. ☿. 1. ♀. M. ▭

d) *Nr.* 677. *Zur Aufrichtigkeit*, (*of Sincerity*) E. N. 254. g. 5769. 2. u. 4. ☽.

POOL in DORSETSHIRE.

Nr. 678. *Zu dem alten Antilope*, (*Old Antelope-inn*) E. N. 187. g. 5765. 1. u. 3. ☿.

PORTSMOUTH.

a) *Nr.* 679. *Zum Alterthum*, (*of Antiquity*) E. N. 17. g. 5724.

b)

b) *Nr.* 680. *Phoenix.* E. N. 395. g. 5786.
1. u. 3. ☿.

POSEN in POHLEN.

Nr. 681. *Zur gekrönten Beſtändigkeit.* E.
g. 5780. 5. X.

POTSDAM.

a) *Nr.* 682. *Minerva.* Z. g. 5768. 13.
V. *

b) *Nr.* 683. *Zur Weisheit.* E. g. 5769.
3. VI.

PRAG in BOEHMEN.

a) *Nr.* 684. *Zu den 3. gekrönten Sternen
und Redlichkeit.* *

b) *Nr.* 685. *Zu den 9. Sternen.* *

c.) *Nr.* 686. *Zur Union.* *

d) *Nr.* 687. *Zur Wahrheit und Einigkeit.* *

PRESBURG in UNGARN.

a) *Nr.* 688. *Zur Sicherheit.*

b) *Nr.* 689. *Zur Verſchwiegenheit.*

PRESCOT in LANCASHIRE.

Nr. 690. *Zum Menſchengebein, (Legs of
Man)* E. N. 101. g. 5753.

PRE-

PRESTON in LANCASHIRE.

Nr. 691. *Zur Freundschaft,* (*of Amity*)
E. N. 224. g. 5767. 1. u. 3. ♃. W. 1. ♃. S.

PUNTE - GALE op CEYLON.

Nr. 692. *Die Aufrichtigkeit,* (*D', Opregt-
heid*) H.

M. v. S. Br. J. L. Scheede.

    S. - P. W. Behm.

QUEBECK in CANADA.

a) *Nr.* 693. *S. Andrew.* E. N. 152. g. 5762.

b) *Nr.* 694. *Die Kaufmanns L.*, (*Mer-
chants L.*) E. N. 151. g. 5762.

c) *Nr.* 695. *S. Patrick.* E. N. 153. g. 5762.

d) *Nr.* 696. *Select L.* E. N. 155. g. 5762.

e) *Nr.* 697. *L. des* 52. *Infant. Regim.* E. N.
    156. g. 5762.

QUERFURT in SACHSEN.

Nr. 698. *Minerva zu den* 3. *Lichtern.* *

REDRUTH in CORNWALL.

Nr. 699. *Zur Liebe und Freigebigkeit,* (*of
Love and Liberality*) E. N. 103.
    g. 5754. 1. u. 3. ♂.

REGENSBURG.

a) *Nr.* 700. *S. Carl zu dem rothen Thurm.*
    E. N. 480. g. 5790. *

b)

b) Nr. 701. *Die Wachfende z. d. 3. Schlüf-*
feln.

M. v. S. Br. Chrift. Nicol. Hefsling, Apotheker.

D. M.   - Joh. Chriftoph Vifcher, Affeffor
und Kaufmann.

1. A. Br. Joh. Georg Hammerfchmidt, Kaufmann.

2. A. - Franz Gottl. v. Brentano, Oberpfleger
zu Labar.

S. Br. Phil. Heinr. Gaufe, Affeffor u. Kaufm.

REVAL in **LIEFLAND.**

a) Nr. 702. *Zur Jfis.*

b) Nr. 703. *Zu den 3. Streithaemmern.*

RICHMOND in SURREY.

Nr. 704. *Of Truth.* E. N. 371. g. 5784.

RICHMOND in YORKSHIRE.

Nr. 705. *Zum alten fchwarzen Stier,* (*Old*
black Bull) E. N. 165. g. 5763. 1. D.

RIGA in LIEFLAND.

a) Nr. 706. *Apollo.* Z. g. 5772. 30. IX.

M. v. S. Br. Wilh. Frid., Baron von Ungern-
Sternberg.

D. M. Br. Heinr. Chrift. Aug. Niffen.

1. A.   - Guftav Joh. von Buddenbroik.

- A.   - Herm. Died. Bienemann.

S.   - Joh. Gottl. Chriftian Voigt.

b)

b) Nr. 707. *Aſtraea.* E. N. 413. g. 5787.

M. v. S. Br. Joh. Bernh. Schwarz.

1. A. - Ernſt Ebel.

2. A. - William Collins.

S. - Joh. Chriſt. Schwarz.

c) Nr. 708. *Caſtor.* Z.

M. v. S. Br. Reinhold von Rennenkampf.

D. M. - Joh. Died. Detenhoff.

1. A. - Nicol. Stoppelberg.

2. A. - Joh. Melch. Knieriem.

S. - Joh. Joach. Rolſſen.

d) Nr. 709. *Conſtantin.* R.

e) Nr. 710. *Zum Schwerdt.*

M. v. S. Harald Guſtav von Broecker, Collegien-Aſſeſſor u. Secretair des Civil-Tribunals.

1. A. Br. Frid. v. Weyrauch, Collegien-Aſſeſſor et Gouvernements Poſtmeiſter.

2. A. Br. N. Loof, Schauſpieler.

S. - Conrad Stoffregen, M. Dr.

f) Nr. 711. *Zur kleinen Welt.* R.

M. v. S. Br. Georg Collins, Prediger der reformirten Gemeine.

D. M. Br. Martin Michailoff, Collegien-Secret.

1. A. - Gottl. Forckler, Glaſermeiſter.

2. A.

2. A. Br. Thom. Zuckerbecker, Conful der General - Staaten.

S. Br. Phil. Frid. Ziefener, Rechtsgelehrter.

RINGWOOD in HANTSHIRE.

Nr. 712. *Zum weiffen Hirfch, (white Hart)* E. N. 175. g. 5764.

RINTELN in der Graffch. SCHAUMBURG.

Nr. 713. *Wilhelm zum Neffelblatt.* g. 5785. 19. XII. *

RIPPON in YORKSHIRE.

Nr. 714. *Zur königlichen Eiche, (Royal Oack)* E. N. 324. g. 5776. 1. ♄. S. 2. u. 1. ♄. W.

ROCHDALE in LANCASHIRE.

Nr. 715. *Zur Freundfchaft, (of Amity)* E. N. 588. g. 5791.

ROTTERDAM.

a) Nr. 716. *Zu den 3. Säulen, (De drie Colommen)* E. N. 222. g. 5767. 1. ♄.

M. v. S. Vacat.

. S. Br. D. Pitter.

b) Nr. 717. *Zum königlichen Friderich, Royal Frederic)* E. N. 148. g. 5762. 1. ☿.

M. v. S, Br. C. B. Ofy.

S. - N. v. d. Höven.

G 5

c)

c) Nr. 718. *Zur Eintracht,* (*De Eendragt*) H.

M. v. S. Br. L. E. Hake.

S. - N. Dixhoorn.

d) Nr. 719. *Der Friede vom Niederrhein,* (*la Paix du bas Rhin*) H.

e) Nr. 720. *Die Wohlfahrt des Vaterlandes,* (*Salus Patriae*) H. 2. ♄.

M. v. S. Br. C. Hanegreff.

S. - J. H. Heegen.

f) Nr. 721. *Das tiefe Stillschweigen,* (*le profond Silence*) H.

g) Nr. 722. *Die brittische Einigkeit,* (*Britisch Union*) E. N. 220. g. 5767.

h) Nr. 723. *Der Sieg,* (*la Victoire*) E. N. 230. g. 5768.

RUDOLSTADT.

Nr. 724. *Günther zum flehenden Löwen.*

M. v. S. Br. Frid. Lud. v. Beulwitz, Vicekanzl.

1. A. - Frid. Heinr. Chrift. Bergmann, Kammerrath.

2. A. Br. Andr. Bianchi, Kaufmann.

S. - Joh. Gottfr. Klimm, Hofamtsrath.

RUETZDORF in SACHSEN.

Nr. 725. *Zu den 3. Rofen.*

RUE-

RUERORT im CLEVESCHEN, und VENLO in GELDERN.

Nr. 726. Die zwo Zahlen, (De twee Getallen) H.

M. v. S. Br. Carl Guftav Wilh. v. Gloeden, K. Preuffifcher Accife - und Zollrath.

D. M. Br. Derk Noot, K. Preuff. Oberfalzinfpector.

1. A. Br. Frid. Wilb. Sanderus, K. Preuffifch. Rheinlicent - Einnehmer.

2. A. Br. Jac. Heinr. Reichard, Stadtchirurgus.

S. - Herm. Kerlen, K. Preuffifch. Polizeiburgermeifter.

RYEGATE in SURREY.

Nr. 727. Zur Freiheit und Freundfchaft, (of Freedom and Friendfhip) E. N. 368. g. 5784.

SACHSENFELD im ERZGEBIRGE.

Nr. 728. Zu den 3. Rofen, ceffirt. S. Nr. 720.

SALISBURY in WILTSHIRE.

Nr. 729. Sarum L. E. N. 34. g. 5731. .1. u. 3. ☿.

SALZWEDEL in der Altermark BRANDENBURG.

N. 730. Zur goldenen Harfe. Z. *

SAND-

SANDWICH in KENT.

Nr. 731. *Die Unüberwindliche,* (*Impregnable*) E. N. 336. g. 5777. 1. u. 3. ♂.

SAVANNAH in GEORGIA.

a) *Nr.* 732. *Grenadiers L.* E. N. 315. g. 5775. 1. u. 3. ♄.

b) *Nr.* 733. *Salomon.* E. N. 46. g. 5735. 1. u. 3. ♃.

c) *Nr.* 734. *Die Einheit,* (*Unity*) E. N. 302. g. 5774. 1. u. 3. ♀.

SAVANNAH la Mar in JAMAICA.

Nr. 735. *Die Einigkeit,* (*Union*) E. N. 319. g. 5775.

SCARBOROUGH in YORKSHIRE.

Nr. 736. *Zur alten Weltkugel,* (*the old Globe L.*) E. N. 440. g. 5788.

SCILLY in CORNWALL.

Nr. 737. *Godolphin L. S. Mary's Island.* E. N. 235. g. 5769.

SCHIEDAM in S. HOLLAND.

Nr. 738. *Die aufgehende Sonne,* (*De rizende Zon*) H.

M. v. S. Br. J. A. Morren.

S. - P. J. Ulenberg.

SCHLES-

SCHLESWIG in HOLSTEIN.

Nr. 739. *Salomon zum goldenen Löwen.*

SCHWEDT in der UCKERMARK.

Nr. 740. *Zum Tempel der Tugend. Z.* *
g. 5778. 3. VI.

SCHWEIDNITZ in SCHLESIEN.

Nr. 741. *Hercules. Z.* g. 5770. 5. VII.

M. v. S. Br. Joh. Carl von Hombold, Hauptmann des Mineurs-Corps.

SCHWERIN in MEKLENBURG.

Nr. 742. *S. Michael. E. N.* 107. g. 5754. *

SHAFFESBURY in DORSETSHIRE.

Nr. 743. *Zur Freundfchaft und Aufrichtigkeit, (of Friendfhip & Sincerity) E. N.*
394. 2. u. l. ♃.

SHEFIELD in YORKSHIRE.

a) Nr. 744. *Tontine. E. N.* 189. g. 5765.
2. ♀.

b) Nr. 745. *Zur königlichen Eiche, (Royal
Brunsvick, Royal Oak) E. N.* 527.
g. 5793.

SHERBORN in DORSETSHIRE.

Nr. 746. *Zum Wohlwollen, (of Benevolence)
E. N.* 392. g. 5786. 1. u. 3. ♃.

S.

S. SHIELDS in DURHAM.

Nr. 747. *S. Hild.* E. N. 343. g. 5780. 2. u. 4. ♀.

SHIPTON - MALLET in SOMER-SETSHIRE.

Nr. 748. *Zur Liebe und Ehre*, (*of Love and Honour*) E. N. 502. g. 5792.

SHREWSBURY in SHROPSHIRE.

Nr. 749. *Salopian L.* E. N. 434. g. 5788. 1. ♂.

SKIPTON in YORKSHIRE.

Nr. 750. *Albion.* E. N. 460. g. 5789.

SLUIS in FLANDERN.

Nr. 751. *Die Freundschaft ohne Ende*, (*l' Amitié fans fin.*) .H.

M. v. S. Br. Hubert Voskuyl.
    S. - A. van der Cloff.

SOVRATE in INDIEN.

Nr. 752. *S. Johann zur Eintracht,* (*S. Jean de la Concorde*) H.

SOUTHAMPTON in HAMPSHIRE.

a) *Nr.* 753. *Zur Eintracht,* (*of Concorde*) E. N. 323. g. 5776. 1. ♀. S. 1. u. 3. ♀. W.

b) *Nr.* 754. *Royal Gloucester.* E. N. 503. g. 5792.

STA-

III

STADE im Herzogthum BREMEN.

a) *Nr. 755. Charlotte z. gekrönten Tugend,*
   g. 5790. 16. XII.

b) *Nr. 756. Zum grofsen Chriftoph. Z. g.*
   5777. 29. IX.

M. v. S. Br. David Heinr. Wehner, Rath und
· · Kammerconfulent.

1. A. Br. Daniel Joh. Georg Hülfemann, Elb-
   zollcontrolleur.

2. A. Br. Joh. Frid. v. Beftenboftel, Landcaffir.

S. - Peter Chrift. Dodt, Regierungs-Secret.

STAINDROP in DURHAM.

Nr. 757. Raby L. E. N. 372. g. 5784. 2. ♂.

STARGARD in HINTERPOMMERN.

a) *Nr. 758. Augufta zur goldenen Krone.*
   g. 5774. 6. XII. 21. d. ☽.

M. v. S. Br. Ernft Jul. v. Magufch, Major und
   Commandeur des Klinckowftrömfchen Grena-
   dier-Bataillons.

D. M. Br. Aug. v. Hagen, Hauptmann und K.
   Poftmeifter.

1. A. Br. Nicol. v. Düfterlho, Lieutenant im
   Regiment von Klinckowftröm.

2. A. Br. Carl Chriftian v. Mellenthien, Hauptmann des felbigen Regiments.

S. Br. Peter Gottl. v. Blankenburg, Lieutenant
   des felbigen Regiments.

b)

b) *Nr.* 759. *Zum Schilde.* Z. g. 5775.
24. I.

M. v. S. Br. Adolph Frid. Stumpff, Prediger.

STENDAL in der Altenmark
BRANDENBURG.

Nr. 760. *Zur goldenen Krone.* Z. g. 5775.
7. VII.

M. v. S. Br. Joh. Wilh. Chrift. Malchow, Obergerichtsrath.

STETTIN in POMMERN.

a) Nr. 761. Zu d. 3. goldenen Ankern. Z.
g. 5770. 3. III.

M. v. S. Br. Alexander Bernhard Kölpin, Dr.
und Profeffor.

D. M. Br. Frid. Wilh. v. Braunfchweig, Major
des Regiments von Owftien.

E. M. Br. Aug. Frid. v. Eyff, Oberftlieut. in
der Armée und Major de la Place.

1. A. Br. Frid. Weiland, Regimentsquartiermeift.
beim Regiment von Owftien.

2. A. Br. Carl Frid. v. Rennerfeld, Hauptmann
des Regiments von Owftien.

S. Br. Joh. Gottfr. Mefferfchmidt, Kammer-
Secretair.

b) Nr. 762. *Zu den* 3. *goldenen Zirkeln.*

M. v. S. Br. Andr. Gottl. Fleck, Kaufmann.

1. A.

1. A. Br. Gottl, Stoltenburg, K. Preuſſiſch. Commerzienrath.

2. A. Br. Carl Frid. von Rapin Toyras, Kön. Preuſliſcher Obergerichtsrath und Director des Coloniegerichts.

S. Br. Joh. Frid. Rud. Hübner, Kaufmann und Mitglied des Raths.

STOCKHOLM.

a) Nr. 763. *Adolph Friderich.* S.

b) Nr. 764. *Zur Aufrichtigkeit.* S.

c) Nr. 765. *Britannia.* S.

d) Nr. 766. *S. Carl.* S.

e) Nr. 767. *S. Eduard.* S.

f) Nr. 768. *S. Erich.* S.

g) Nr. 769. *S. Johann zur Hülfe.* S.

h) Nr. 770. *Zum Kriegesheer.* S.

i) Nr. 771. *Phoenix.* S.

k) Nr. 772. *Die Siebente.* S.

l) Nr. 773. *Zum flammenden Stern.* S.

m) Nr. 774. *Zur Unſchuld.* S.

n) Nr. 775. *Zur Vereinigung.* S.

o) Nr. 776. *N. I.* E. N. 250. g. 5769.

p) Nr. 777. *N. II.* E. N. 251. g. 5769.

q) Nr. 778. *N. III.* E. N. 252. g. 5770.

STOCKPORT in **CHESHIRE.**
a) Nr. 779. *Zur Einmüthigkeit, (of Una-nimity)* E. N. 509. g. 5792.

b) Nr. 780. *Zum rothen Löwen, (Red Lion).* E. N. 482. g. 5790.

STOCKTON upon **THEES** in **DURHAM.**
Nr. 781. *Zum schwarzen Löwen, (black Lion)* E. N. 19. g. 5724. 1. u. 3. ♀.

STOLPE.
Nr. 782. *Zum rothen Löwen.* Z. g. 5775. 12. IX.

STOLZENBERG bei **DANZIG.**
Nr. 783. *Eugenia zum Löwen.*
(Cessirt, ist mit Nr. 194. vereinigt.)

STOURBRIDGE in **WORCESTERSHIRE.**
Nr. 784. *Zur Krone, (Crown)* E. N. 241. g. 5769.

STRALSUND in **SCHWEDISCHPOMM.**
Nr. 785. *Zur Eintracht.* S.

STRATFORD upon Avon in **WAR-WICKSHIRE.**
Nr. 786. *Zum weissen Löwen, (white Lion)* E. N. 516. g. 5793.

SUNDERLAND in **DURHAM.**
a) Nr. 787. *Phoenix.* E. N. 121. g. 5755. 1. u. 3. ♀.

b)

b) Nr. 788. *See - Capitains L. King's
Head.* E. N. 129. g. 5757. 2. u 4. ℔.

SURINAM in S. AMERICA

a) Nr. 789. *Die Eintracht, (Concordia)* H.

b) Nr. 790. *Die Wachſende zu d.* 3. *Schlüſ-
ſeln, (la Croiſſante de* 3. *Clefs)* H.

c) Nr. 791. *Sorgfalt und Wachſamkeit,
(Cura et Vigilantia:* H.

d) Nr. 792. *Die Beſondere, (la Solitaire)*
H.

e) Nr. 793. *Die Standhaftigkeit, (De
Standvaſtigheid.* H.

f) Nr. 794. *Die Einigkeit, (l'Union)* H.

g) Nr. 795. *Die Eifrige, (la Zélle)* H.

SWALWELL in DURHAM.

Nr. 796. *Zur Arbeitſamkeit, (of Induſtry)*
E. N. 44. g. 5735. I. D. u. 3. ♄.

SWANSEY in GLAMORGANSHIRE.

Nr. 797. *Beaufords L.* E. N. 244. g. 5769.

SZALA EGERSZEGH in UNGARN.

Nr. 798. *Zum guten Rath.*

M. v. S. Br. Johann Spiſſich de Jopra, **erſter**
Vicegeſpann des Száláder Comitats.

TARNOW in GALLIZIEN.

Nr. 799. *Zu den* 3. *rothen Bändern.*

H 2   TAVI·

TAVISTOCK in DEVONSHIRE.

Nr. 800. *Bedfords L.* E. N. 487. g. 5791.
1. u. 3. ☿.

TEMISWAR in GALLIZIEN.

Nr. 801. *Zu den 3. weißen Lilien.*

TIVERTON in DEVONSHIRE.

Nr. 802. *Aller Seelen L.*, (*All-Souls L.*)
E. N. 226. g. 5767.

S. THOMAS - MOUNT auf der Küste von
COROMANDEL.

a) Nr. 803. *Zur geselligen Freundschaft,*
(*of social Friendship*) E. N. 422.
g. 5787.

b) Nr. 804. *Zur vollkommenen Uebereinstimmung,* (*of perfect Harmony*) E. N.
419. g. 5787.

TOPSHAM in DEVONSHIRE.

Nr. 805. *Zum Gruß,* (*Salutation*) E. N.
177. g. 5764. 2. u. 4. ☿.

THORN in POHLEN.

Nr. 806. *Zum Bienenkorb.* Z. g. 5793. 4. VI.

M, v. S. Br. Paul Gottl. von Pohl, Canonicus
und Erbherr auf Kosciellec bei Thorn.

TORPASS in BULGARIEN.

Nr. 807. *Pollux.* R.

TORTOLA and BEET - ISLAND in
WESINDIEN.

Nr. 808. E. N. 201. g. 5765. 1. u. 3. ☿.

TORNAY (DORNICK) in FLANDERN.

Nr. 809. *Die wiedervereinigten Brüder,*
(*les Fréres réunis*) H.

TREPTOW in VORPOMMERN.

Nr. 810. *Zur Eintracht.* Z. g. 5775. 3. II.
M. v. S. Br. Frid., Freiherr von Wurmb, Rittmeift. bei dem Regiment v. Würtemb. Cüraffiers.

TRICHINOPOLI auf der Küfte von
COROMANDEL.

a) *Nr.* 811. E. N. 421. g. 5787.

b) *Nr.* 812. *Zur feften Freundfchaft,* (*of
folid Friendfhip*) E. N. 481. g. 5790.

TRIEST im. Herzogthum KRAIN.

Nr. 813. *Zur allgemeinen Harmonie und
Eintracht.*

TURIN in PIEMONT.

Nr. 814. *S. Johann zur neuen Hofnung,*
(*S. Jean de nouvelle Efperance*) E. N.
313. g. 5775.

TWICKENHAM in MIDDLESEX.

Nr. 815. *Zur Wahrheit,* (*of Truth*) E. N.
371. g. 5784. 2. u. 1. ♃.

ULM in SCHWABEN.

Nr. 816. *Aſtraea z. d.* 3. *Ulmen.* E. N.
479. g. ſ790. 1. ☽.

M. v. S.　Br. Eitel Eberh. Beſſerer v. Talfingen,
Patricier, Senator und Proviantherr.

1. A.　Br. Franz Daniel Schad v. Mittelbibrach,
Patricier und Senator.

2. A.　Br. Joh. Joſ. Kindervatter, Kaufmann.

S.　 - Michael Rehm, Kaufmann.

UTRECHT in HOLLAND.

a) Nr. 817. *Zur vollkommenen Freundſchaft,*
(*la parfaite Amitié*) H.

b) Nr. 818. *L'Aſtrée.* H.

M. v. S.　Br. Graf von Athlone.

c) Nr. 819. *Die Wohlthunde,* (*la Bien-
faiſante*) H.

d) Nr. 820. *Zur Provinzial - Einigkeit,*
(*L' Union provinciale*) H.

VALENCIENNES in FLANDERN.

Nr. 821.　E. N. 40. g. ſ733.

VEERE in SEELAND.

Nr. 822. *Das Kind der Tugend,* (*l'Enfant
de la Vertu*) H. 1. ☽.

M. v. S.　Br. M. J. van Visvliet.

S.　 - Joh. Boddaert.

VELLORE auf der Küste von COROMANDEL.

Nr. 823. *Carnatic military* L. E. N. 398. g. 5786.

VENEDIG.

Nr. 824. *Die Einigkeit, (l' Union)* E. N. 285. g. 5772.

VENLOO, siehe RURORT.

VERONA im VENETIANISCHEN.

Nr. 825. E. N. 286. g. 5772.

WAKEFIELD in YORKSHIRE.

Nr. 826. *Zur Einmüthigkeit, (of Unani-mity)* E. N. 202. g, 5766.

WALTHAM - ABTEY in ESSEX.

Nr. 827. *Die Gutgeordnete L.,* (*Well-di-sposed L.*) E. N. 28. g. 5730. 1. ♄.

WANDSWORTH in SURRY.

Nr. 828. *Zum königlichen Wapen, (King's Arms)* E. N. 11. g. 5723.

WARASDIN in CROATIEN.

a) *Nr.* 829. *Zur Freundschaft.* Z. g. 5776. 10. VIII. *

b) *Nr.* 830. *Zum guten Rath.*

WARINGTON in LANCASHIRE.

Nr. 831. *Zum Schwan, (Swan)* E. N. 198. g. 5765. l. ☽.

WAR-

WARSCHAU.

a) Nr. 832. *Zur Göttin von Eleuſis.* E.
g. ʃ780. ʃ. X.

b) Nr. 833. *Carl zu den* 3. *Helmen.*

c) Nr. 834. *Catharina zum Nordſtern.* E.
g. ʃ780. 6. II.

d) Nr. 83ʃ. *Zum Tempel der Iſis.* E.
g. ʃ780. 13. IX.

WELLINGTON in SHROPSHIRE.

Nr. 836. *Wrekin L.* E. N. 4ʃ7. g. ʃ789.

WELLS in SOMERSETSHIRE.

Nr. 837. *Zur Einmüthigkeit,* (*of Unani-*
mity) E. N. 383. g. ʃ78ʃ. 1. u. 3. ♃.

WEISSENFELS in SACHSEN.

Nr. 838. *Zum Zirkel der Eintracht.*

M. v. S. Br. Carl Leopold Kayſer, Churſäch-
ſiſcher Amtsverwalter.

WESEL im CLEVESCHEN.

Nr. 839. *Zum goldenen Schwerdt.*

M. v. S. Br. Frid. Carl von Trütſchler, Hauptmann bei dem v. Eckartsbergſchen Infant. Reg.

D. M. Br. Carl Ludewig von Mörſter, desgleich.

WEST - MALLING in KENT.

Nr. 840. *Die Wahrheit und Treue zum weiſ-*
ſen Bär, (*True and faitfull white Bear*)
E. N. 314. g. ʃ77ʃ. 1. ☽.

WE-

WETHERBY in YORKSHIRE.

Nr. 841. *Alfred.* E. N. 349. g. 5781.

WHITCHURCH in SHROPSHIRE.

a) Nr. 842. *Eggertons L. zum rothen Lö-*
wen, (Eggerton L. Red-Lion) E. N.
445. g. 5789.

b) Nr. 843. *Zum weiſſen Löwen, (white*
Lion) E. N. 388. g. 5785.

WINCANTON in SOMERSETSHIRE.

Nr. 844. *Zur Höflichkeit, (of Urbanity)*
E. N. 524. g. 5793. 1. ♀.

WIEN in OESTERREICH.

a) Nr. 845. *Zur gekrönten Hofnung.* *

b) Nr. 846. *Zum heiligen Joſeph.* *

WIGAN in LANCASHIRE.

Nr. 847. *Zur Aufrichtigkeit, (of Sincerity)*
E. N. 402. g. 5786.

WILLIAMSBURG in VIRGINIEN.

Nr. 848. *Williamsburg L.* E. N. 296.
g. 5773.

WILMINGTON in N. CAROLINA.

Nr. 849. E. N. 114. g. 5755.

WILNA in LITHAUEN.

a) Nr. 850. *Zum guten Hirten.* E. g. 5780.
17. X.

b) Nr. 851. *Der eifrige Lithauer.* E. g. 5780. 17. X.

c) Nr. 852. *Zum Tempel der Weisheit.* E. g. 5780. 17. X.

WISMAR in MEKLENBURG.

Nr. 853. *Zu den 3. Löwen.*

WOLVERHAMPTON in STAF-FORDSHIRE.

Nr. 854. *Zum Schwan,* (*Swan*) E. N. 42. g. 5735. 1. u. 3. ♃.

WOORDEN.

Nr. 855. *Die gute Hofnung,* (*la bonne Esperance*) H.

WORCESTER.

Nr. 856. *Gasthof zum Rennthier,* (*Reindeer Jnn*) E. N. 483. g. 5790. 2. u. 4. ♃.

WORKINGTON in CUMBERLAND.

Nr. 857. *Zur Sonne und Sektor,* (*Sun and Sector*) E. N. 312. g. 5775. 1. ☽.

WORMS.

Nr. 858. *Johannes zur brüderlichen Liebe.*

YARMOUTH in NORFOLK.

Nr. 859. *Zur Stern-Taverne,* (*Star-Taverne*) E. N. 88. g. 5751. 1. ☿.

YAS-

YASSY in RUSSLAND.

Nr. 860. *Mars.* E. N. 306. g. 5774.

YORK in YORKSHIRE.

a) *Nr.* 861. *Apollo.* E. N. 290. g. 5773.

b) *Nr.* 862. *Die Einigkeit z. goldenen Lö-wen*, (*Union*, red *Lion*) E. N. 331. g. 5777. 1. u. 3. ☽.

YORK - TOWN in VIRGINIEN.

Nr. 863. *Zum Schwan*, (*Swan*) E. N. 119. g. 5755. 1. u. 3. ☿.

ZERBST - ANHALT.

Nr. 864. *Friderich zur Beſtändigkeit.* E. N. 425. g. 5787. 1. ☿. S. T. 31. V.

M. v. S. Br. Frid. Carl v. Thünen, Ruſſiſch-Kaiſerl. Geheimerrath.

D. M. Br. Georg v. Münchhauſen, Erb - und Gerichtsherr auf Althaus, Leizkau &c.

1. A. Br. Joh. Ge. v. Rauſchenplat, F. A. Z. Oberſtlieutenant.

2. A. Br. Frid. von Koſeritz, geweſenen Major in F. A. Z. Dienſten.

S. Br. Carl Gottl. Kunz, F. A. Z. Amts - Co-piſt, auch Waiſen - und Zuchthauſs-Inſpeĉtor.

ZUETPHEN in GELDERN.

Nr. 865. *Der Tempel des Glücks*, (*le Tem-ple du Bonheur*) H.

ZWOLL

ZWOLL in OBERYSSEL.

Nr. 866. *Die Unbewegliche,* (*L' Inebran-*
lable) H.

ANHANG.

Englifche Militair - Logen.

Nr. 867. 8. *Regt. Inf.* E. N. 112. g. 5755.
1. u. 3. ♃.

Nr. 868. 24. *Regt. Inf.* E. N. 233. g. 5768.

Nr. 869. 6. *Regt. Drag.* E. N. 335. g. 5777.

Nr. 870. *Of S. George* 1. *Regt. Drag. Garde.*
E. N. 342. g. 5780. 1. u. 3. ♃.

Nr. 871. *S. Georg'es E. York Militia L.*
E. N. 356. g. 5782.

Nr. 872. *Zur gut. Meinung,* (*of good Inten-*
tion) 2. *Regt.* E. N. 364. g. 5783. 1. u. 3. ☿.

Nr. 873. *Bary L.* 34. *Regt.* E. N. 377.
g. 5785.

Nr. 874. *Rainfords L.* 44. *Regt.* E. N. 378.
g. 5785.

Neu - conftituire englifche Logen.

ALCESTER in WARWICKSHIRE.

Nr. 875. *Apollo zum Engel,* (*the Apollo L.*
Angel) E. N. 537. g. 5794. 1. u. 3. ☿.

ASCHTON - under - Line, LANCASHIRE.

Nr. 876. *Minerva zum königlichen Wapen,*
(*of Minerva, King's Arms*) E. N.
536. g. 5794.

BRADFORD in WILTS.

Nr. 877. *Zur Einigkeit u. Freundſchaft,* (*of
Unity and Friendſhip*) E. N. 538. g. 5794.

BRADFORD in YORKSHIRE.

Nr. 878. *Of Hope, Talbot - inn.* E. N.
539. g. 5794.

CHESHIRE - MILITIA.

Nr. 879. E. N. 541. g. 5794.

DARTVORD in KENT.

Nr. 880. *Zum Wetteifer,* (*of Emulation*)
E. N. 535. g. 5794.

KIRKGATE in LEEDS.

Nr. 881. *Philantropic - L.,   Crown - inn.*
E. N. 542. g. 5794.

TEIGNMOUTH in DEVONSHIRE.

Nr. 882. *Benevolent L. at the Newfound-
land - Fiſchery.* E. N. 540. g. 5794.

Holländiſche ambulirende Logen.

Nr. 883. *S. Andreas.*
Nr. 884. *Die Biedertreue.*
M. v. S. Br. Baron von Wiedenbrück.
S- . N. Scyerlin.
Nr. 885. *Die Eintracht,* (*la Concorde*).
Nr.

Nr. 886. *Der Geiſt des Körpers*, (*l'Eſprit du Corps*).

M. v. S. Br. N. Falaiſeau.

S. - N. de Rook.

Nr. 887. *Die aufgehende oranienſche Sonne,* (*De opgaande orange Sonne*)

M. v. S. Br. Baron von der Duyn.

S. - N. Lichtenvoort.

Nr. 888. *Die Neuchatelſche Wiederverei-nigung,* (*la Réunion Neuchateloiſe.*

M. v. S. Br. N. Graf de Meuron.

Nr. 889. *Die kriegeriſche Einmüthigkeit,* (*l'Unanimité militaire*).

M. v. S. Br. W. Portegies.

S. - N. Paters.

Nr. 890. *Die ſchweizerſche Vereinigung,* (*l'Union helvetique*).

M. v. S. Br. S. Hirzel.

S. - J. C. Schad.

Groſse Nationale - Loge von Genf. *)

Groſsmeiſter. Jean Rod. Sigism. Vernet, Kaufm.

Abgeg. G. M. Pierre Jeanjean.

Erſter G. A. Marc Conrad du Nant, Capitaine.

Zweiter G. A. Vaſſal, Claude François de Chaf-ſey, Capitaine in K. Sardiniſchen Dienſten.

Groſs-

---

*) Nach den Liſten von 5790.

Grofs - Redner. Jean Felix Nomis, Kaufmann.

Grofs - Schatzmeifler. Antoine Veyraffat, Kaufm.

Grofs - Secret. André Cefar. Lagier, Kaufmann.

Grofs - Ceremonienmeifler. Jaques Hérail, Kaufm.

Grofs - Siegelbewahrer. Eitienne Louis du Cloux, Kaufmann.

Grofs - Archivar. Jean François du Nant.

Grofs - Allmofenier. Pierre Bombernard, Artift.

Nr. 891. *Nr.* 1. *La triple Unité d'Anneci.* g. 20. I. 5786.

M. v. S. Br. François Dompmartin, · Notable.

A. M.   - François Philippe Roffet, Rathsadvoe.

1. A.   - Claude Louis Vautier, fubft. Procur.

2. A. Br. Pierre François Ruïn, Kaufmann.

S.   - Jean Baptifte Lacombe, Intend. Secret.

Nr. 892. *Nr. II. L'Union des Coeurs.* g. 20. I. 5786.

M. v. S. Br. Jean Louis Ritter, Kaufmann.

A. M.   - Jaques Rochonnet, Architect.

1. A.   - Abr. Sam. Grandjean, Uhrmacher.

2. A.   - François Peyluz, Kaufmann.

. S.   - Daniel Senaud, Uhrmacher.

Nr. 893.|*Nr. III. La nouvelle parfaite Egalité.* g. 2. II. 5786.

M. v. S. Br. Etienne Tierque, Uhrmacher.

A. M.   - Jaques Daniel Fol, Uhrmacher.

1. A.   - Abraham Louis Jordan, Mahler.

2. A.   - Marc Antoine Favre, Uhrmacher.

S.   - Louis Gille, Mahler.

Nr.

Nr. 894. *Nr. IV. L' Impartialité.* g. 16.
IV. 5786.

M. v. S.	Br.	Jean Fouchet, Uhrhändler.
A. M.	-	Theod. Bonnet, Galanteriehändler.
1. A.	-	Bened. Gallay, Galanteriehändler.
2. A.	-	Bened. des Rogis, Uhrhändler.
S.	-	L. Bourdillat, Ubrhändler.

Nr. 895. *Nr. V. La triple Union de quatre Nations.* g. 20. I. 5786.

M. v. S.	Br.	Bernard Gros, Uhrmacher.
A. M.	-	Pierre Jeanjean.
1. A.	-	Marc. Maffé, Artift.
2. A.	-	Luc. Gaidin, Uhrmacher.
S.	-	Henri Rohrer.

Nr. 896. *Nr. VI. L'Union.* g. 20. I. 5786.

M. v. S.	Br.	Jean Rod. Sigism. Vernet, Kaufm.
D. M.	-	Jean Pierre Lavabre, Oberftlicut.
1. A.	-	Marc Conrad du Nant, Hauptmann.
2. A.	-	Eduard, Prinz von England.
S.	-	Pierre Fine, erfter Chirurgus des General - Hofpitals.

Nr. 897. *Nr. VII. La Vertu tolérante.* g. 20. I. 5786.

M. v. S.	Br.	Louis Laurcouft, Artift.
A. M.	-	Jean François Catalant, Artift.
1. A.	-	Simon Ardin, Mahler.
2. A.	-	Pierre Duaim, Uhrmacher.
S.	-	Pierre Jeanjean.

Nr. 898. *Nr. VIII. Les Amis unis.* g. 20. I. 5786.

M.

M. v. S. Br. Bened. Gallay, Kaufmann.
A. M. - Jean François de Tournes.
1. A. - Etienne Michel Eynouf, Banquier.
2. A. - Louis Gaillard, Kaufmann.
S. - Pierre Macret, Graveur.

Nr. 899. *Nr. IX. La parfaite Sincérité.*
M. v. S. Br. Pierre Bombernard, Uhrhändler.
A. M. - Jacques Hérail, Kaufmann.
1. A. - Abraham Perret Gentil, Uhrmach.
2. A. - Ami Decord, Uhrmacher.
S. - Jean François Pittard, Uhrmacher.

Nr. 900. *Nr. X. La sincère Amitié.*
M. v. S. Br. François Romilly, Advocat.
A. M. - Jean Louis Aimé Audéoud, Kaufm.
1. A. - Jean Jouvet, Büchsenmacher.
2. A. - Bernard Strubing, Kaufmann.
S. - Jean König, Kupferstecher.

Nr. 901. *Nr. XI. La Discretion.* g. 8.
. X. 5787.
M. v. S. Br. Jean Guillaume Revillod, franzö-
sischer Officier.
A. M. Br. Fr. Leon. Pierre Aug. de Tissot, Oberst.
1. A. - Et. Louis du Cloux, Kaufmann.
2. A. - Marc Nicol Puerary, Hauptmann.
S. - Vassal Claude Franç. de Chassey, Officier in K. Sardinischen Diensten.

Nr. 902. *Nr. XII. La vraie Egalité des*
moeurs. g. 2. III. 5788.
M. v. S. Br. Joseph Romieux, Banquier.
A. M. - Alexander Girard, Kaufmann.
1. A. - Barthelemi Gando, Kaufmann.
2. A. - Charles Fred. Rochat, Cassirer.
S. - Henri Aguiton, Kaufmann.

I

Nr.

Nr. 903. *Nr. XIII. La trible Union à Voiron en Dauphiné.* g. 8. V. 5789.

M. v. S. Br. Pierre Royoud, Profeſſ. des Ordens S. Auguſtins.

1. A. Br. Joſeph Monnet, Rentirer.
2. A. - Claude Perrin, Königlicher Notar.
S. - Joſeph Thonill, Kaufmann.

Nr. 904. *Nr. XIV. Les Coeurs unis du Mont-Blanc à Bonneville.* g. 8. V. 5789.

M. v. S. Br. Joſeph Baſtian, Advocat bei dem Senat von Savoyen.

A. M. Br. François du Mont, geſchwornen Chirurgus bei der K. Univerſität zu Turin.
1. A. Br. François de la Grange, Stadtrath.
2. A. - Michel Louis Preſſet, Advocat bei dem Senat von Savoyen und Stadtrath.
S. Br. Alexis Cartier, Königlicher Notar.

Nr. 905. *Nr. XV. La Victoire à Smyrne.* g. 9. IX. 5789.

M. v. S. Br. Jean François Argeme, Kaufmann.
1. A. - François Locatelli, Secretair des General-Conſuls von Venedig.
2. A. Br. Eleazar Ifflah, Kaufmann.
S. - Joſeph Capulla, Kaufmann.

Nr. 906. *Nr. XVI. Les Unis du Pavillon.* g. 9. IX. 5789.

M. v. S. Br. Paul Louis Rival, Juvelirer.
A. M. - Antoine Rideleux, Graveur.
1. A. - Jean Michel Joannin, Kaufmann.
2. A. - Victor Fontems, Kaufmann.
S. - André Céſar Lagier, Kaufmann.